KB201125

리더가 된 당신에게!

당신을 리더로 세우신 하나님께 감사드리며
앞으로도 그분의 계속되는 인도하심 가운데
맡겨진 모든 사람에게 서번트 리더가 되시기를
기도합니다.

FROM

_____

DATE

_____

서번트 리더

The Servant Leader

서번트
리더

The Servant Leader

지은이   캔 블랜차드, 필 하지스
옮긴이   윤종석
펴낸이   김혜정
기획위원   김건주
디자인   홍시 송민기
마케팅   윤여근, 정은희
출간일   1쇄 인쇄 2024년 7월 25일
          1쇄 발행 2024년 8월 13일
발행처   도서출판 CUP
출판신고   제2017-000056호(2001.06.21.)
주소   (04549) 서울특별시 중구 을지로 148, 803호 (을지로3가)
전화   02) 745-7231
팩스   02) 6455-3114
이메일   cupmanse@gmail.com
홈페이지   www.cupbooks.com
페이스북   facebook.com/cupbooks
인스타그램 instagram.com/cupmanse/

ISBN   979-11-90564-63-2 03230   Printed in Korea.

켄 블랜차드의 리더십 특강

서번트 리더

켄 블랜차드, 필 하지스 **지음** | 윤종석 옮김

The
Servant Leader

최고의 리더는 서번트 리더다!
시대를 초월하는 예수 리더십의 원리

ⓒ 2003 by Ken Blanchard and Phil Hodges
Originally published in English as With: *The Servant Leader*
by Thomas Nelson, Nashville, TN, USA.

Published by arrangement with Thomas Nelson,
a division of HarperCollins Christian Publishing, Inc.
through rMaeng2, Seoul, Republic of Korea.

This Korean translation edition ⓒ 2024 by CUP, Seoul, Republic of Korea.
All rights reserved.

The Servant Leader

Transforming Your Heart, Head, Hands & Habits

Ken Blanchard and Phil Hodges

최고의 리더이신 예수께 배우는

서번트 리더십 특강

최고의 리더는 서번트 리더다!

서번트 리더는 사람을 세우고

미래를 열어간다!

차

례

최고의 리더는 서번트 리더다

너희 중에 큰 자는 너희를 섬기는 자가 되어
야 하리라. 누구든지 자기를 높이는 자는 낮
아지고 누구든지 자기를 낮추는 자는 높아지
리라.

마 23:11~12

나의 사업과 신앙

당신의 일과 예수님, 직장 생활과 사생활, 리더

와 섬기는 종, 많은 사람이 둘씩 짝지어진 이런 말을 보기만 해도 불편해한다. 세련된 우리 문화는 우리를 부추겨 선을 긋게 한다. 삶을 성과 속으로 구분하라는 것이다. 신앙은 일요일이나 가족 모임에나 해당하는 것 아닌가?

나도 한때 그런 고리타분한 틀을 삶의 규범으로 삼았고, 대체로 성공하여 행복하게 살았다. 블랜차드 훈련개발 회사도 멀쩡하게 잘 돌아갔다. 그런데 1982년, 예수님을 감동적으로 새롭게 만나면서 나의 세계는 더 극적으로 변화되었다. 당시 나는 스펜서 존슨(Spencer Johnson)과 공저한 경영 서적 《1분 경영》(21세기북스 역간)의 폭발적 인기에 아직도 어리벙벙해서, 그 책이 대박을 터뜨린 이유를 어떻게든 규명하려 애쓰던 참이었다.

내게 처음으로 주님을 진지하게 전한 사람 중 하나는 내 오랜 친구로서 이 책의 공저자이자 나와 함께 Lead Like Jesus의 전신인 The Center for Faithwalk Leadership을 설립한 필 하지스였다. 나는 흥미를 느끼면서도 한동안 주님을 마음속에 온전히 받아들이지는 않았다. 나중에 어느 집회에 강연하러 가던 길에 비행기 기내에서 우연히 통로를 마주하고 앉은 사람이 하필 성공한 경영자이자 작가이며 강사인 밥 버포드(Bob Buford)였다. 그와 대화를 나누면서 나는 우리 모두가 온전하지 못하며, 현재의 모습과 온전한 상태 사이의 괴리는 예수님과의 관계를 통해서만 메워질 수 있음을 깨달았다. 내가 꽤 관심을 보이자 밥은 나를 시카고 근교에 있는 윌로크릭 교회의 담임목사인 빌 하이벨스(Bill Hybels)와 연결시켜 주었다.

권투로 말하자면 강력한 연타 펀치였다! 버포드와 하이벨스는 내게 은혜를 아주 새롭게 설명해 주었고, 나를 말씀의 능력에 눈뜨게 해 주었다. 우리 그리스도인들에게 한꺼번에 세 분의 컨설턴트가 주어진다는 사실도 가르쳐 주었다. 바로 생명을 창조하신 성부, 실제로 이 땅에 사셨던 성자, 그리고 매일 삶의 운영을 맡으시는 성령이시다.

내 신앙관이 변하면서 리더십을 보는 눈도 바뀌었다. 알고 보니 그리스도인에게 예수님은 위대한 신앙 리더 이상이셨다. 그분은 모든 기관, 모든 사람, 모든 상황에 맞는 실제적이고 효율적인 리더십 모델이시다. 성경을 읽을수록 더 확실해졌는데, 내가 그동안 가르치거나 글로 썼던 내용은 다 예수님이 이미 행하신 바였다. 그것도 온전하게 말이다. 한마디로 그분은 사상 최고의 리더십 모델이시다.

리더십이란 무엇인가? 리더십은 영향을 미치는 과정이다. 타인의 생각이나 행동이나 발달에 영향을 미치려 할 때마다 당신은 리더십을 행사하는 것이다. 그렇게 정의하고 보면, 예수님이 비단 직장에서만 아니라 우리가 가는 곳이면 어디서나 우리의 리더십 모델이심을 알 수 있다. 그래서 필과 나는 설레는 마음으로 함께 이 책을 썼다.

이 책에 대한 우리의 바람

당신이 예수님을 전혀 다르게 경험했으면 좋겠

다. 또한 그분을 온전하신 리더로 신뢰하고 따르게 되었으면 좋겠다. 그분은 자신이 바라시는 지도자상을 명백히 밝혀 놓으셨다. 그분은 우리가 효율적인 서번트 리더가 되어 주변 세상에 변화를 낳기를 원하신다.

효율적인 서번트 리더가 되려는 당신의 여정에 이 책이 새롭고 가슴 벅찬 출발점이 되는 것이 우리의 기도이자 바람이다. 이 책을 길잡이 삼아 당신도 "나를 따르라" 하신 예수님의 부르심에 직접 응답하여, 서번트 리더십의 원리를 실천할 수 있다.

이 책은 경영 서적인가? 그렇다. 자기계발서인가? 그렇다. 감화를 끼치려는 책인가? 그것도 맞다. 요컨대 이 책을 도구 삼아 당신은 하나님을 혼자만의 신앙생활이라는 '성역'에서 해방시켜, 그분께 당신의 일상의 모든 활동과 관계와 특히 리더 역할을 통치하실 전권을 넘겨 드릴 수 있다.

눈으로만 읽지 말고 마음과 생각과 행동 속에 받아들이라. 다음과 같이 하면 이 책에서 최대의 혜택을 누릴 수 있다.

1 읽을 때마다 집중력과 통찰력을 달라고 기도한다.

2 리더인 당신의 행동과 동기에 도전을 가하는 '깨달음'이 올 때마다 일단 거기서 멈춘다. 이후 이틀 동안 자신의 리더십을 어떻게 재정비할 수 있을지 스스로에게 묻는다. 구체적이어야 한다.

3 '깨달음'의 내용과 그에 따른 행동 조치를 기록한다.

4 진전을 평가하여 자신을 칭찬해 준다.

예수님을 당신의 리더십 모델로 신뢰하기를 바란다. 그러면 당신이 있는 곳이 기업체든 비영리 기관이든 공동체든 가정이든, 예수님의 얼굴에 미소가 번지게 할 것이다.

끝까지 읽으라. 예수께서 당신 안에 변화를 일으키실 것이다.

— 켄 블랜차드, 필 하지스

당신은 누구를 따르는가?
어떻게 이끌 것인가?

1

예수께서 제자들을 불러다가 이르시되 "이
방인의 집권자들이 그들을 임의로 주관하고 그 고관들이
그들에게 권세를 부리는 줄을 너희가 알거니와 너희 중에
는 그렇지 않아야 하나니 너희 중에 누구든지 크고자 하는
자는 너희를 섬기는 자가 되고 너희 중에 누구든지 으뜸이
되고자 하는 자는 너희의 종이 되어야 하리라. 인자가 온
것은 섬김을 받으려 함이 아니라 도리어 섬기려 하고 자기
목숨을 많은 사람의 대속물로 주려 함이니라"

마 20:25~28

첫 제자들에게 리더십을 가르치실 때마다 예수님은 그분을 따르려는 모든 사람에게 명확한 메시지를 보내셨다. 리더십은 무엇보다도 섬김의 행위라는 것이다. 그분의 말씀 속에 차선책은 암시되거나 제시되어 있지 않다. 그분이 때나 장소나 상황에 아무런 제한이나 예외도 두지 않으셨으므로 우리는 이 명령에서 빠져나갈 수 없다. 예수님을 따르는 사람에게, 서번트 리더십은 선택이 아니라 필수다.

예수님이 우리를 어떤 상황 속에 내보내시든, 그분의 계획은 부실하거나 무산될 리가 없다. 그래서 그분을 따르면 참으로 마음에 힘이 솟는다. 그분은 하나님이신지라 어떤 주제로 말씀하시든, 그분이 우리를 인도하시는 길은 우주의 분자 구조와 조화를 이룬다. 리더십에 대한 말씀도 당연히 그 내용이 옳고 효율적이다.

수고하고 무거운 짐 진 자들아, 다 내게로 오라. 내가 너희를 쉬게 하리라. 나는 마음이 온

유하고 겸손하니 나의 멍에를 메고 내게 배우
라. 그리하면 너희 마음이 쉼을 얻으리니 이
는 내 멍에는 쉽고 내 짐은 가벼움이라.

마 11:28~30

당신은 그분을 컨설턴트로 모시겠는가?

예수님을 리더십 역할 모델로 받아들이지 못하
게 막는 흔한 장벽은 대개 그분의 가르침이 당신의
특수한 리더십 상황에 적합한가에 대한 회의다. 예
수님을 시험대에 올리는 한 가지 방법은 당신이 기
업 컨설턴트를 채용할 때 적용할 기준을 그분의 지
식과 경험과 성공에도 똑같이 적용해 보는 것이다.

잠시 리더인 당신에게 닥쳐올 수 있는 아래와 같
은 도전을 떠올리면서, 당신이라면 예수님을 자신
의 리더십 컨설턴트로 모시겠는지 자문해 보라. 이
땅에서 리더로서 쌓으신 그분의 경력에 기초해서
말이다.

"나는 리더로서 날마다 다음과 같은 문제에 부딪치는데, 여기에 대처하기에 적합한 실제적 지식이나 경험이 예수님께 있을까?"

예(O) / 아니요(X)

_____불완전한 사람들을 상대하면서 함께 사명을 이루어 나간다.

_____목적의식과 방향을 명확히 설정한다.

_____업무를 수행할 사람들을 모집하여 선발한다.

_____훈련하고 개발하고 위임한다.

_____시간과 에너지와 자원에 대한 요구가 늘 상충된다.

_____경쟁이 치열하다.

_____이직과 배신이 뒤따르고 친구와 가족에게 이해받지 못한다.

_____헌신과 성품이 늘 도전에 부딪친다.

_____즉각적인 만족과 인정과 권력 남용 등의 유혹이 닥친다.

_____비판과 거부와 방해와 반대에 효과적으로 대

처한다.

_____공공선을 도모하는 데 고통과 고생이 수반
된다.

위의 모든 답을 염두에 둘 때, 당신의 일을 예수님
이라면 어떻게 당신과 다르게 하시겠는가?

_____

_____

_____

예수님을 당신의 리더십 모델과 컨설턴트로 삼기로
결단할 경우, 어떻게 그분과 교류할 수 있겠는가?

_____

_____

_____

매일의 도전과 유혹 앞에서 당신을 도우시려는 관

심과 의향을 그분은 어떻게 밝혀 두셨는가?

_____

_____

_____

변화의 여정

예수님을 닮은 리더십이 무엇인지를 살펴보는 여정에서, 우리는 두 가지 내부 영역과 두 가지 외부 영역을 통과할 것이다. 우선 우리의 동기(마음)와 리더십을 보는 관점(머리)은 속에 감추어질 수 있으며, 사사로운 목적에 맞추어 위장되기도 한다. 반면에 리더의 행동(손과 습관)은 겉으로 드러나므로 타인에게 경험되며, 사람들이 당신을 어떻게 따를지를 결정짓는다. 마음과 머리와 손과 습관이 나란히 일치되어 있으면, 비범한 수준의 충절과 신뢰와 생산성이 뒤따른다. 그러나 이 넷이 서로 어긋나 있으면 결과는 좌절과 불신이며, 장기적 생산성도 떨어진다.

내면에서부터 시작된다

리더십은 일차로 마음의 문제다. 타인의 생각이
나 행동이나 발달에 영향을 미칠 기회나 책임이 주
어질 때마다, 먼저 우리는 이 순간을 사익의 눈으
로 볼 것인지 아니면 이끄는 대상을 유익하게 할
것인지를 정해야 한다.

내가 주와 또는 선생이 되어
너희 발을 씻었으니
너희도 서로 발을 씻어 주는
것이 옳으니라.
내가 너희에게 행한 것 같이
너희도 행하게 하려 하여
본을 보였노라

요 13:14~15

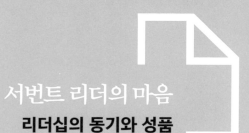

서번트 리더의 마음
리더십의 동기와 성품

2

나의 반석이시요 나의 구속자이신 여호와여,

내 입의 말과 마음의 묵상이 주님 앞에 열납되기를 원하나이다

시 19:14

이기적인 리더 대 서번트 리더

　리더의 마음을 주제로 생각할 때 당신이 계속 자신에게 던질 일차적 질문은 이것이다.

　"나는 서번트 리더인가, 이기적인 리더인가?"

　이 질문에 철두철미 정직하게 답하면, 리더로서 당신의 의도 내지 동기의 중심에 가 닿는다.

　서번트 리더와 이기적인 리더의 차이를 한눈에 알려면, 피드백에 어떻게 대응하는지를 보면 된다. 이기적인 리더일수록 지위를 잃을 것을 가장 두려워하기 때문이다.

　그래서 이기적인 리더는 자신의 지위를 지키는 데 시간을 대폭 쏟아 붓는다. 당신이 피드백을 주면 그들은 대개 어떻게 반응하는가? 그들은 그 피드백을 당신이 자신을 더는 리더로 원하지 않는다는 의미로 받아들인다.

　그러나 서번트 리더는 리더십을 섬김의 행위로 본다. 그래서 피드백도 자신이 어떻게 더 잘 섬길 수 있는지에 대한 유익한 정보의 출처로 반갑게 수

용한다.

이기적인 리더와 서번트 리더를 구분하는 또 다른 기준은 리더십 승계 계획에 어떻게 접근하느냐는 것이다.

이기적인 리더는 권력과 인정에 중독되어 있고 지위를 잃을 것을 두려워하기 때문에, 굳이 시간이나 노력을 들여 후계자를 기르지 않는다.

효율적인 리더십은 내면에서부터 시작된다.
당신은 서번트 리더인가,
아니면 이기적인 리더인가?

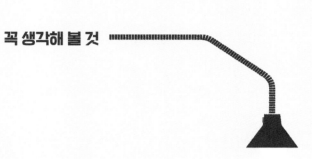

꼭 생각해 볼 것

예수님을 따르는 삶을 위한 묵상

"잘하였도다, 착하고 충성된 종아"

마 25:21

변화를 낳으려는 우리의 노력에 최후 심판이 임할 때, 누구나 듣고 싶은 말이 위의 짤막한 말씀 속에 압축되어 있다. 서번트 리더로서 "잘하였도다"의 한 단면은, 자신의 임기가 끝날 때를 위해 사람을 준비시켜 뒤를 잇게 하는 것이다. 리더십 승계 계획에 얼마나 애쓰는지를 보면 리더인 당신의 동기를 충분히 알 수 있다. 자아를 부풀리고 투사하기에 바쁜 리더는 많은 시간을 들여 후계자 후보를 훈련하고 개발하지 않는다. 매일의 정직한 피드백을 피하거나 막는 것과 마찬가지로, 자신을 대신할 사람을 키우지 않는 것도 자아에 지배당하는 리더의 특징이다.

예수님은 이 땅에 계실 때 힘써 이 부분에서 희생적 열정의 모범을 보이셨다. 제자들을 확실히 준비시켜 자신의 운동을 뒤잇게 하신 것이다. 그분은 그들과의 친밀한 관계 속에서 삶의 유산을 남기셨고, 말씀과 본보기로 그들에게 능력을 입혀 주셨다.

레이턴 포드(Leighton Ford)는 《변화를 일으키는 리더십》(생명의말씀사 역간)에서 이렇게 말했다.

"현대의 경영자들이 나오기 오래 전부터 예수님은 미래를 위해 사람들을 준비시키기에 바쁘셨다. 그분의 목표는 일인 후계자를 뽑으시는 게 아니라 후계 세대를 빚어내시는 것이었다. 그래서 그분은 떠나실 때가 되어서야 리더십 훈련 프로그램을 속성으로 운영하신 게 아니라, 3년 내내 삶이라는 교실에서 교과 과정을 가르치셨다."

당신은 어떤가? 때가 되면 당신을 대신하도록

미리 사람을 준비시키고 있는가? 당신에게 그들은 위협으로 느껴지는가, 아니면 미래를 위한 투자로 보이는가? 뒤를 이을 사람에게 기꺼이 당신의 지식을 전수하며 학습과 성장의 기회를 제공하는가? 그렇지 못하다면 이유가 무엇인가? 서번트 리더에게 이는 중대한 마음의 문제다. 자신의 동기에 대해 솔직하게 직면해 보자.

> 이제부터는 너희를 종이라 하지 아니하리니 종은 주인이 하는 것을 알지 못함이라. 너희를 친구라 하였노니 내가 내 아버지께 들은 것을 다 너희에게 알게 하였음이라.
>
> 요 15:15

서번트 리더는 자신의 임기 너머를 내다보며 차세대 리더들을 준비시킨다. 자신의 지위를 하나님이 잠시 빌려 주신 섬김의 기회로 보기 때문이다.

예수님은 제자들을 훈련하시는 데 대부분의 시간을 투자하심으로써 진정한 서번트 리더의 본을

보이셨다. 덕분에 그들은 그분의 지상 사역이 끝났
을 때 리더로 준비되어 있었다.

> 내가 진실로 진실로 너희에게 이르노니 나를
> 믿는 자는 내가 하는 일을 그도 할 것이요 또
> 한 그보다 큰 일도 하리니 이는 내가 아버지
> 께로 감이라

요 14:12

삶의 여정이란

곧 이기적인 마음에서

섬기는 마음으로 옮겨 가는 것이다.

삶의 관건이 받는 게 아니라

주는 것임을 깨달을 때

당신은 비로소 장성한 사람이 된다.

이기적인 리더와 서번트 리더 중 당신은 어느 쪽인가?

사실 우리는 다 어느 정도 이기적이다. 선천적으로 이기적인 마음을 타고나기 때문이다. 아기보다 더 이기적인 존재가 있을까? 병원에서 태어나 집에 오자마자 "집안일을 도와 드릴게요"라고 말하는 아기는 없다.

삶의 여정이란 곧 이기적인 마음에서 섬기는 마음으로 옮겨 가는 것이다. 삶의 관건이 받는 게 아니라 주는 것임을 깨달을 때 당신은 비로소 장성한 사람이 된다.

날마다 리더는 수많은 도전 앞에서 자칫 동기가 빗나갈 수 있다. 우리의 원수는 호시탐탐 우리를 엿보아 자아에 지배당하는 이기적인 사람이 되게 하려 한다. 그래서 우리는 날마다 마음을 재정비해야 한다.

"이제 나는 서번트 리더니 다시는 이기적인 마음이 들지 않을 것이다."라고 장담할 수 있는 사람

40

은 없다.

자아가 우리 모두를 잡아채 궤도를 이탈하게 할 것이다. 차라리 이렇게 자문하라.

"오늘 나는 어떻게 살 것인가? 이기적으로 행동할 것인가, 아니면 섬길 것인가?"

이기심의 유혹을 거뜬히 물리치려면 날마다 우리의 동기와 행동을 그리스도께 복종시켜야 한다. 그분은 우리의 길잡이이자 역할 모델로서 우리에게 어떤 리더가 되어야 할지를 보여 주신다.

사람이 감당할 시험밖에는 너희가 당한 것이 없나니 오직 하나님은 미쁘사 너희가 감당하지 못할 시험 당함을 허락하지 아니하시고 시험 당할 즈음에 또한 피할 길을 내사 너희로 능히 감당하게 하시느니라.

고전 10:13

사례 연구 Cace study
리더가 되기 위한 준비

사역을 시작하시기 전에 예수님은 리더가 되기 위한 준비를 하셨는데, 바로 복종의 행위와 성품의 시험을 통해서였다.

마태복음 3장 13~17절과 4장 1~11절에 두 가지 중요한 대면이 나온다.

> 이때에 예수께서 갈릴리로부터 요단 강에 이르러 요한에게 세례를 받으려 하시니 요한이 말려 이르되 "내가 당신에게서 세례를 받아야 할 터인데 당신이 내게로 오시나이까." 예수께서 대답하여 이르시되 "이제 허락하라. 우리가 이와 같이 하여 모든 의를 이루는 것

이 합당하니라" 하시니 이에 요한이 허락하는지라. 예수께서 세례를 받으시고 곧 물에서 올라오실새 하늘이 열리고 하나님의 성령이 비둘기 같이 내려 자기 위에 임하심을 보시더니 하늘로부터 소리가 있어 말씀하시되 "이는 내 사랑하는 아들이요 내 기뻐하는 자라" 하시니라.

마 3:13~17

요한과의 대면에서 예수님은 서번트 리더의 두 가지 의미심장한 특성을 예시하셨다. 우선 요한의 사역을 인정하고 지지하셨다. 또한 남에게 요구하실 일을 자신도 똑같이 행하셨다. 즉 복종의 행위로 의를 이루신 것이다. 서번트 리더는 자신이 하지 않을 일을 결코 남에게 시키지 않는다.

그때에 예수께서 성령에게 이끌리어 마귀에게 시험을 받으러 광야로 가사 사십 일을 밤낮으로 금식하신 후에 주리신지라. 시험하는 자가 예수께 나아와서 이르되 "네가 만일 하나님의 아들이어든 명하여 이 돌들로 떡덩이가 되게 하라." 예수께서 대답하여 이르시되 "기록되었으되 '사람이 떡으로만 살 것이 아니요 하나님의 입으로부터 나오는 모든 말씀으로 살 것이라' 하였느니라" 하시니 이에 마귀가 예수를 거룩한 성으로 데려다가 성전 꼭대기에 세우고 이르되 "네가 만일 하나님의 아들이어든 뛰어내리라. 기록되었으되 '그가 너를 위하여 그의 사자들을 명하시리니 그들이 손으로 너를 받들어 발이 돌에 부딪치지 않게 하리로다' 하였느니라." 예수께서 이르시되 "또 기록되었으되 '주 너의 하나님을 시험하지 말라' 하였느니라" 하시니 마귀가 또 그를 데리고 지극히 높은 산으로 가서 천하만국과 그 영광을 보여 이르되 "만일 내게 엎드려 경배하면 이 모든 것을 네게 주리라." 이에 예수께서 말씀하시되 "사탄아, 물러가라. 기록되었으되 '주 너의 하나님께 경배하고 다만 그를 섬기라' 하였느니라." 이에 마귀는 예수를 떠나고 천사들이 나아와서 수종드니라.

마 4:1~11

예수님이 광야에서 금식하신 일은 신체적으로 고된 경험이었지만, 거기에만 너무 집중하면 다음 사실을 놓치기 쉽다. 즉 이를 통해 그분은 서번트 리더로서 영적으로 철저히 준비되셨다.

즉각적인 만족, 인정과 명예, 권력 남용과 욕구, 이는 리더에게 닥칠 수 있는 가장 보편적이고 막강한 유혹에 속한다. 그런데 예수님은 이 세 가지 유혹을 받으실 때 영적으로 최상의 상태가 되어 있었다. 보다시피 그분은 마음과 머리에 품고 계시던 하나님의 말씀으로 마귀를 대적하여 무찌르셨다.

당신이 새로 리더가 되어 얼마나 잘 섬길 수 있을지는 영적으로 얼마나 잘 준비되어 있느냐에 달려 있다.

리더로서 당신의 자아는 어떠한가?

정신분석의 선구자 지그문트 프로이트(Sigmund Freud)는 1923년에 자아(ego)를 인간 심리의 의식 영역 – 생각과 행동을 통제하고 외부 현실을 해석하는 영역 – 으로 정의했다. 요컨대 그가 말한 자아란 곧 자의식이다.

그 뒤로 프로이트의 자아 이론은 대중문화와 섞인 지 오래고, 그래서 이제 우리도 사람들에게서 '자아도취'니 '상한 자아'니 '자아 중심성' 같은 말을 듣는 데 익숙해졌다.

하지만 이 책에서 말하는 자아는 심리학 용어가 아니라 마음의 중대 사안을 가리킨다. 우리 사역기관인 Lead Like Jesus에서 자아의 정의는 간단히 두 가지다.

하나님을 밀어내는 자아 - EGO (Edging God Out)

또는

하나님만 높이는 자아 - EGO (Exalting God Only)

서번트 리더의 마음 ㅣ 리더십의 동기와 성품 **PART 2**

이보다 더 간단할 수는 없다.

> 가시떨기에 뿌려졌다는 것은 말씀을 들으나
> 세상의 염려와 재물의 유혹에 말씀이 막혀 결
> 실하지 못하는 자요
>
> 마 13:22

교만과 두려움을 극복하라

삶의 여러 유혹 – 특히 교만과 두려움 – 때문에 우리는 자칫 하나님을 밀어내기 쉽다. 즉 우리의 예배 대상이신 그분, 우리의 안전과 자존감의 근원이신 그분, 우리의 청중과 최종 권위와 심판관이신 그분을 다른 무엇으로 대체하는 것이다. 리더인 당신이 매일 결정을 내릴 때 이렇게 하나님을 밀어내기 시작하면, 리더십의 진실성이 신속히 무너진다.

교만에 취하면 우리는 자아를 부풀린다. 자랑하고, 과도히 공로를 취하고, 과시하고, 발언권을 독

차지하고, 자신에게 이목을 집중시킨다.

두려울 때는 우리는 직장에서나 가정에서나 방어 자세를 취한다. 두려움에 찬 리더는 직위 뒤에 숨고, 정보를 나누지 않고, 남에게 겁을 주고, '통제광'이 되고, 솔직한 피드백을 막을 수 있다.

교만과 두려움 때문에 하나님을 밀어내면 그 결과는 자명하다.

> 사람을 두려워하면 올무에 걸리게 되거니와
> 여호와를 의지하는 자는 안전하리라
>
> 잠 29:25

첫째로, 교만과 두려움은 늘 사람을 하나님과 타인과 자신으로부터 분리시킨다. 하나님을 밀어내는 자아의 고립은 혼미한 생각과 빗나간 행동을 낳는 온상이다.

둘째로, 교만과 두려움은 늘 자신의 상태를 타인의 성패에 기준하여 판단하는 해악을 낳는다.

셋째로, 교만과 두려움은 늘 진실을 왜곡한다.

그 결과 우리는 거짓된 안전감에 빠지거나, 반대로 자신감을 잃고 자존감이 낮아진다.

시간을 들여 당신의 두려움과 교만의 원인을 규명하라. 그래야만 당신의 모든 관계와 효율적인 리더십에 미치는 그 둘의 악영향을 끊을 수 있다.

이제부터 교만과 두려움을 관계 속의 악마로 지목할 수 있다면, 그 둘은 당신을 지배할 힘을 잃는다. 필의 교회 목사인 바이런 맥도널드(Byron MacDonald)는 "내가 사람을 대할 때 섬기는 마음을 잃으면, 그 관계 속에 짐승을 풀어놓는 꼴이다"라고 말했다. 당신의 마음을 길들이라, 그러면 그 짐승도 길들여진다.

내게 주신 은혜로 말미암아 너희 각 사람에게 말하노니 (자신에 대해) 마땅히 생각할 그 이상의 생각을 품지 말고 오직 하나님께서 각 사람에게 나누어 주신 믿음의 분량대로 지혜롭게 생각하라.

롬 12:3

우리는 어떻게
하나님을 밀어내는가?

◆ 하나님의 자리에 다른 것을 둘 때 우리는 예배
  대상이신 그분을 밀어내는 것이다.

리더로서 결정을 내릴 때 당신이 하나님 대신 예
배 대상으로 삼는 것은 무엇인가? 권력과 명예와 인
정과 돈 등 그것이 무엇이든 그만한 가치는 없다.

하나님의 성령으로 봉사하며 그리스도 예수로 자
랑하고 육체를 신뢰하지 아니하는 우리가 …

빌 3:3

◆ 하나님 아닌 다른 것을 의지할 때 우리는 안전과
  충분한 공급의 출처이신 그분을 밀어내는 것이다.

우리를 돌보시는 하나님의 무조건적인 사랑보다 다른 무엇을 의지하는 것은 곧 영원한 대상 대신 한시적인 대상을 의지하는 것이다. 지능과 지위와 거래처 등 다른 데서 안정을 찾으려는 것도 마찬가지다.

너는 마음을 다하여 여호와를 신뢰하고 네 명철을 의지하지 말라. 너는 범사에 그를 인정하라, 그리하면 네 길을 지도하시리라.

잠 3:5~6

◆ **다른 사람을 하나님의 자리에 둘 때 우리는 주된 청중이자 자존감의 출처이신 그분을 밀어내는 것이다.**

로버트 S. 맥기(Robert S. McGee)의 《내 안의 위대한 나》(두란노 역간)에 따르면, 만일 마귀에게 자존감의 공식이 있다면 "우리의 행위 + 타인의 평가 = 자존감"이 될 것이다. 마귀는 당신이 그렇게 믿기를 원한다. 하지만 늘 자신의 행위나 타인의 평가에 기초하여 자부심이나 존재감을 얻으려 한다면, 매번 당신은 막연하고 실망스러운 허상을 쫓는 것이다.

> 여호와께 피하는 것이 사람을 신뢰하는 것보다
> 나으며.

시 118:8

◆ **무조건적인 사랑을 베푸시는 하나님과의 친밀함을 잃을 때 우리는 타인과의 친밀함도 두려워하게 된다.**

　교만과 두려움에 지배당하는 이기적인 리더의 가장 심각한 자아 문제 중 하나는 타인과의 친밀함을 두려워한다는 것이다. 그들은 오즈의 마법사처럼 가면을 쓰고, 자신이 이끄는 사람들과의 사이에 벽을 친다. 자신도 답을 몰라 도움이 필요할 수도 있건만, 인정하지 않는다. 오히려 약한 모습을 보이면 자신의 리더십에 의문이 제기될까 봐 겁낸다. 친밀함이 두려워서 외롭게 고립되는 리더는 현실 감각을 잃고, 다른 이들의 좋은 아이디어와도 차단된다.

교만이라는 악마를 물리치라

"당신의 말이 옳을수록 나는 더 화가 난다."

어딘지 익숙한 감정이 아닌가? 교만은 이런 분리를 낳는다.

아이디어 자체보다 누구의 아이디어인지를 더 중시한다면 이는 교만의 문제다.

협상과 변화 국면에서 당신이 당분간 제안자를 밝히지 않고 아이디어만 상정할 수 있다면, 객관적 시도와 평가가 가능해진다. 하지만 누구의 제안인지에 연연한다면, 그 아이디어는 효율성을 잃는다. 이미 당신은 교만에 지배당하여 하나님을 밀어냈다.

교만의 문제에 더욱 민감해지라. 남을 섬기기보다 자신을 부풀리려는 생각이 더 앞서거든, 그때마다 기업체나 공동체나 가정의 리더로서 자신의 행동을 점검해 보라.

그래도 교만이 날뛰거든 이렇게 자문하라.

"무엇이 나에게 상처가 되는가?"

당신은 정말 교만에 떠밀려 결정을 내리고 싶은가?

교만에 떠밀린 결정은 장기적으로 최선의 결과를 낳지 못함을 알아야 한다. 한동안은 통할지 모르지만, 그런 결정으로는 일을 끝까지 밀고 나갈 수 없다.

교만에 대해 성경에 어떻게 나와 있는지를 공부하고 묵상하여 그대로 실천하라.

> 교만에서는 다툼만 일어날 뿐이라. 권면을 듣는 자는 지혜가 있느니라(잠 13:10).

> 무릇 마음이 교만한 자를 여호와께서 미워하시나니 피차 손을 잡을지라도 벌을 면하지 못하리라(잠 16:5).

> 교만은 패망의 선봉이요 거만한 마음은 넘어짐의 앞잡이니라(잠 16:18).

> 여호와께서 이와 같이 말씀하시되 "지혜로운 자는 그의 지혜를 자랑하지 말라. 용사는 그

의 용맹을 자랑하지 말라. 부자는 그의 부함을 자랑하지 말라. 자랑하는 자는 이것으로 자랑할지니 곧 명철하여 나를 아는 것과 나 여호와는 사랑과 정의와 공의를 땅에 행하는 자인 줄 깨닫는 것이라. 나는 이 일을 기뻐하노라." 여호와의 말씀이니라(렘 9:23~24).

내게 주신 은혜로 말미암아 너희 각 사람에게 말하노니 (자신에 대해) 마땅히 생각할 그 이상의 생각을 품지 말고 오직 하나님께서 각 사람에게 나누어 주신 믿음의 분량대로 지혜롭게 생각하라(롬 12:3).

중요한 일이 먼저다

모든 리더는 자신의 교만을 직시해야 한다. 사실 자아의 본성인 이 교만은 자신과 소속 기관에 해로울 뿐 아니라 중독성까지 있다. 교만하게 반응하려는 유혹에 날마다 부딪치는 우리는 그래서 늘 '회복 중'이다.

이런 중독을 끊는 첫걸음은 우선순위를 똑바로 정하는 것이다. 하나님의 나라를 먼저 구하지 않는 리더는 대개 그 나라를 아예 구하지 않는다.

> 그런즉 너희는 먼저 그의 나라와 그의 의를 구하라. 그리하면 이 모든 것을 너희에게 더하시리라(마 6:33).

그다음에는 자신에게 몇 가지 어려운 질문을 던지라.

- 당신은 자신에 대해 마땅히 생각할 그 이상의 생각을 품고 있는가?
- 당신의 삶에서 주된 청중은 누구인가? 하나님인가, 자신인가, 아니면 타인인가?

성경 어디에도 예수께서 스스로 자신을 부풀리

신 적이 없음을 잊지 말라.

이 세상 것을 너무 꼭 쥐지 말라

하나님은 당신을 청지기로 부르셨다. 그분의 목적에 맞게 쓰도록 시간과 재능과 재물을 당신에게 맡기셨다.

리처드 포스터(Richard Foster)는 《영적 훈련과 성장》(생명의말씀사 역간)에서 궤도 이탈을 줄일 수 있는 방법을 알기 쉽게 제안한다.

- 과시용이 아니라 필요한 물건만 구입하라.
- 중독성 있는 것이면 무엇이든 물리치라.
- 거저 나누어 주는 습관을 들이라.
- 문명의 이기를 퍼뜨리는 이들에게 세뇌당하지 말라. 시간 절약형 기기(機器)치고 정말 시간을 절약해 주는 것은 거의 없으며, 오히려 유지 관리를 요한다.
- 무엇이든 소유하지 않고도 누리는 법을 배우라.

◆ 자연에 대한 감식안을 더 깊이 기르라. 흙을 가까이하고 기회 있을 때마다 걸으라. "땅과 거기에 충만한 것(이) … 다 여호와의 것"(시 24:1)임을 느껴보라.

◆ 모든 '무이자 할부 판매' 전략을 건강한 회의의 눈으로 보라.

◆ 사실대로 정직하게 말하라 하신 예수님의 가르침에 순종하라. "오직 너희 말은 옳다 옳다, 아니라 아니라 하라. 이에서 지나는 것은 악으로부터 나느니라"(마 5:37).

◆ 간접적으로라도 남을 억압하는 것이면 무엇이든 거부하라. 세상의 자원은 유한하다. 내가 재물과 안락을 욕심냄으로써 혹시 남이 빈곤해지지는 않는가?

◆ 하나님의 나라를 먼저 구하지 못하게 막는 것이면 무엇이든 피하라. 정당하고 선한 것일지라도 그것을 추구하다가 구심점을 잃기가 아주 쉽다. 직장, 지위, 신분, 가정, 친구, 안전 등 많은 것이 순식간에 관심의 초점이 될 수 있다.

두려움을 악마로 지목하라
– 해로운 두려움의 덫을 피하라.

두려움을 느끼는 역량은 하나님이 본래 우리를 보호하려고 주신 것이다. 그분과의 관계 속에서 무조건적인 사랑을 누리려면, 그분을 경외할(두려워할) 줄 알아야 한다. 그런데 이 역량이 사랑과 안전의 불확실한 출처를 방어하는 데 쓰이면, 우리는 하나님에게서 멀어져 위험한 덫에 빠진다.

하나님 이외의 모든 안전의 출처와 자존감의 척도는 한시적이며 늘 위태롭다. 그런 것에 과도히 의지할수록 우리는 더 두려워지기 쉽다. 예를 들면 다음과 같다.

- ◆ 불완전한 사람과의 관계
- ◆ 오류가 있는 조직과 기관
- ◆ 중요 자산
- ◆ 구식 기술과 정보와 지식
- ◆ 행운과 좋은 의도

◆ 과거의 성공과 미래의 대책

조심하지 않으면 우리는 두려움을 조종과 통제의 손쉬운 방법으로 이용하여 단기적 성과를 내는데 중독될 수 있다.

두려움에 대해 성경에 어떻게 나와 있는지를 공부하고 묵상하여 그대로 실천하라.

여호와를 경외하라

여호와를 경외함이 지혜의 근본이라.

시 111:10

여호와를 경외하는 도는 정결하여 영원까지 이르고 여호와의 법도 진실하여 다 의로우니.

시 19:9

주께서는 경외받을 이시니 주께서 한 번 노하실 때에 누가 주의 목전에 서리이까.

여호와를 경외하는 자에게는 견고한 의뢰가
있나니 그 자녀들에게 피난처가 있으리라.

잠 14:26

여호와를 경외하는 것은 사람으로 생명에 이
르게 하는 것이라. 경외하는 자는 족하게 지
내고 재앙을 당하지 아니하느니라.

잠 19:23

인자와 진리로 인하여 죄악이 속하게 되고 여
호와를 경외함으로 말미암아 악에서 떠나게
되느니라.

잠 16:6

베드로가 입을 열어 말하되 "내가 참으로 하
나님은 사람의 외모를 보지 아니하시고 각 나
라 중 하나님을 경외하며 의를 행하는 사람은

다 받으시는 줄 깨달았도다".

발각에 대한 두려움

악을 행하는 자마다 빛을 미워하여 빛으로 오지
아니하나니 이는 그 행위가 드러날까 함이요.

요 3:20

그러나 관리 중에도 그를 믿는 자가 많되 바
리새인들 때문에 드러나게 말하지 못하니 이
는 출교를 당할까 두려워함이라.

요 12:42

사람에 대한 두려움

사람을 두려워하면 올무에 걸리게 되거니와
여호와를 의지하는 자는 안전하리라.

잠 29:25

서번트 리더의 마음 ㅣ 리더십의 동기와 성품 **PART 2**

다스리는 자들은 선한 일에 대하여 두려움이 되지 않고 악한 일에 대하여 되나니 네가 권세를 두려워하지 아니하려느냐. 선을 행하라. 그리하면 그에게 칭찬을 받으리라.

롬 13:3

이르시되 "너희를 위로하는 자는 나 곧 나이니라. 너는 어떠한 자이기에 죽을 사람을 두려워하며 풀 같이 될 사람의 아들을 두려워하느냐".

사 51:12

내가 내 친구 너희에게 말하노니 몸을 죽이고 그 후에는 능히 더 못하는 자들을 두려워하지 말라. 마땅히 두려워할 자를 내가 너희에게 보이리니 곧 죽인 후에 또한 지옥에 던져 넣는 권세 있는 그를 두려워하라. 내가 참으로 너희에게 이르노니 그를 두려워하라.

눅 12:4~5

두려움과 믿음

하나님이 우리에게 주신 것은 두려워하는 마음이 아니요 오직 능력과 사랑과 절제하는 마음이니.

딤후 1:7

사랑 안에 두려움이 없고 온전한 사랑이 두려움을 내쫓나니 두려움에는 형벌이 있음이라. 두려워하는 자는 사랑 안에서 온전히 이루지 못하였느니라.

요일 4:18

아무것도 염려하지 말고 다만 모든 일에 기도와 간구로, 너희 구할 것을 감사함으로 하나님께 아뢰라. 그리하면 모든 지각에 뛰어난 하나님의 평강이 그리스도 예수 안에서 너희 마음과 생각을 지키시리라.

빌 4:6~7

미래에 대한 두려움

그러므로 염려하여 이르기를 "무엇을 먹을
까, 무엇을 마실까, 무엇을 입을까" 하지 말
라. 이는 다 이방인들이 구하는 것이라. 너희
하늘 아버지께서 이 모든 것이 너희에게 있어
야 할 줄을 아시느니라. 그런즉 너희는 먼저
그의 나라와 그의 의를 구하라. 그리하면 이
모든 것을 너희에게 더하시리라. 그러므로 내
일 일을 위하여 염려하지 말라. 내일 일은 내
일이 염려할 것이요 한 날의 괴로움은 그날로
족하니라.

마 6:31~34

두려움이라는 악마를 물리치라

- 해로운 두려움에 응급 처치를 실시하라.

하나님이 당신을 영원히 잘되게 하시려고 친히 돌보시며 공급하신다는 사실을 신뢰하라. 그 점을 명심한 상태에서, 다음은 개인의 두려움과 기관 내의 두려움에 대처하는 몇 가지 방법이다.

- 상황을 정확히 파악하라.
- 무엇이 위험하고 무엇이 안전한가?
- 그 위험은 현실인가 가상인가?
- 단기적 대응이 필요하다면 무엇인가?
- 이용 가능한 도움은 무엇인가?
- 대상자 - 당신이나 당신의 기관 - 를 진정시켜 안정을 되찾게 하라.
- 필요에 따라 수시로 신뢰와 믿음과 희망과 사랑을 북돋우라.

리더로서 내 자아를 변화시키라

하나님을 밀어내는 자아의 반대는 하나님만 높이는 자아다.

교만과 두려움 대신 — 겸손과 자신감은 리더의 행위와 관계를 건강하게 해 준다.

분리 대신 — 공동체가 이루어지고 자신을 수용하게 된다.

왜곡 대신 — 진실을 통해 관계가 회복되고 정화된다.

이제부터 하나님만 높이는 법:

- ◆ 지금 여기의 삶을 미래의 영원한 관점에서 보라.
- ◆ 성공과 존재감을 넘어 더 차원 높은 목적을 위한 리더가 되라. 바로 순종과 헌신적 희생이다.
- ◆ 내 신뢰의 수준을 꼼꼼히 점검하라. 내가 믿는 하나님과 그분의 나라에 복종하고, 내 삶과 리더십에 대한 그분의 주권에 복종하라.

다음은 알코올 중독자 모임(Alcoholics Anonymous, AA)을 응용한 "자아 중독자 모임"의 12단계로, 그분을 닮은 리더십을 통해 자신의 삶과 관계에 새로운 희망과 효율성을 더하려는 리더들을 위해 우리 기관에서 개발한 것이다.

1. 나는 내 자아의 필요와 세상적 성공 욕구에 떠밀려 리더 역할에 나쁜 영향을 입은 적이 많음을 인정한다. 그동안 내 리더십은 예수께서 모범을 보이신 서번트 리더십이 아니었다.
2. 이제 나는 하나님이 리더로서의 내 동기와 생각과 행동을 예수께서 모범을 보이신 서번트 리더십으로 변화시키실 수 있음을 믿는다.
3. 나는 리더로서의 내 노력을 하나님께 의탁하고 예수님의 제자이자 서번트 리더가 되기로 결단한다.
4. 나는 서번트 리더에게 합당하지 못한 동기와 생각과 행동을 파악하고자 담대히 내 리더십을 심층 점검한다.

5. 나는 내 리더십의 괴리의 정확한 본질을 – 즉 내 행동이 예수님을 기쁘시게 하지 못할 때가 있음을 – 하나님과 자신과 적어도 한 명의 타인에게 인정한다.

6. 나는 리더십의 괴리를 유발해 온 내 결함을 하나님이 모두 제하실 수 있도록 온전히 하나님께 맡길 각오가 되어 있다.

7. 나는 하나님이 내 결점을 제하시고 나를 강건하게 하셔서 인정과 권력과 탐욕과 두려움 등의 유혹을 물리치게 해 주시기를 겸손히 구한다.

8. 나는 자아에 지배당하는 내 리더십에 피해 당했을 수 있는 사람들의 명단을 작성하고, 기꺼이 모두에게 변상할 마음이 있다.

9. 나는 상대나 제3자에게 상처가 되지 않는다면, 가능한한 언제든지 위의 사람들에게 직접 변상하겠다.

10. 나는 리더로서의 내 역할과 관련하여 계속 꾸준히 자신을 점검하며, 잘못한 일이 있을 때는 즉각 인정한다.

11. 나는 고독과 기도와 성경 공부와 및 나를 향한 하나님의 무조건적인 사랑을 믿는 훈련에 힘써, 리더로서 섬기려는 내 노력을 예수께서 보이신 모범과 일치시키고 리더의 직무상 접하는 사람들에게 먼저 종이 되고 그다음에 리더가 될 방도를 늘 모색한다.

12. 나는 서번트 리더의 원리가 내게 '지각 변동' 이었던 만큼, 범사에 이 메시지를 실천하면서 다른 리더들에게 전하려 애쓰겠다.

서번트 리더의 머리
리더십의 관점과 방법

3

오직 마음(생각)을 새롭게 함으로 변화를 받아.

롬 12:2

서번트 리더의 여정은 마음의 동기와 의도로부터 시작되지만, 또 하나의 내부 영역인 머리로 넘어가야 한다. 머리란 곧 리더의 역할에 대한 신념과 관점이다.

모든 훌륭한 리더에게는 명확한 리더십 철학이 있어, 자신의 역할을 보는 시각뿐 아니라 영향을 미치려는 대상과의 관계를 보는 시각도 그 철학으로 규정된다. 당신이 특히 알아야 할 것은 첫째로 예수께서 모범을 보이시고 가르치신 '서번트 리더십'의 관점이다. 다음으로 그분의 생각에 맞추려면, 당신이 생각하는 리더십에 어떤 변화가 필요한지도 알아야 한다.

우리가 서번트 리더십을 거론하면, 대다수 사람은 그것을 리더가 모든 사람의 비위를 맞춘다는 뜻으로 이해한다. '감옥 운영을 재소자에게 맡기는' 꼴이라는 것이다. 하지만 그렇게 생각하는 사람들은 예수께서 분명히 모범을 보여 주신 리더십의 양면을 이해하지 못한다.

◆ 비전을 제시하는 역할―꼭 해야 할 일을 한다.

◆ 수행하는 역할― 그 일을 제대로 해낸다.

묵시(비전)가 없으면 백성이 방자히 행하거니와.

잠 29:18

어떤 기관도 리더의 열정을
능가할 수는 없다.

리더의 비전

서번트 리더십은 미래에 대한 명쾌한 필수 비전으로 시작된다. 그 비전이 리더에게는 열정을, 따르는 이들에게는 헌신을 불러일으킨다. 실제로, 좋은 비전은 세 부분으로 이루어진다[켄 블랜차드와 제시 스토너(Jesse Stoner)가 공저한 《비전으로 가슴을 뛰게 하라》(21세기북스 역간)에 나와 있다].

당신의 목적 또는 사명 당신이 하려는 일은 무엇인가? 고객에게 끼치려는 유익이 무엇인가?

당신이 바라는 미래상 당신은 어디로 가고 있는가? 모든 일이 계획대로 진행된다면 장차 당신은 어떻게 되겠는가?

당신의 가치관 당신의 사명과 미래상을 다 함께 수행하는 과정에서 사람들의 행동이 어땠으면 좋겠는가? 당신이 표방하는 것은 무엇인가?

당신의 목적 또는 사명

개인이나 기관으로서 당신이 하려는 일은 무엇인가? 무엇을 이루려고 하는가? 당신의 사명 선언문은 무엇인가?

예수님의 사명

그분은 제자들을 불러 그냥 어부가 아니라 더 큰 목적을 위해 "사람을 낚는 어부"가 되게 하셨다.

마 4:19

모든 기관은 힘써 고객의 삶의 질을 향상시켜야 한다. 그러려면 두 가지 핵심 질문에 답해야 한다.

- ◆ 당신은 리더로서 자신이 섬기려는 대상을 아는가?
- ◆ 또 그 대상이 무엇을 가치 있게 여기는지를 아는가?

기관 내 모든 사람이 당신의 목적을 이해하고 거기에 의욕과 열정을 보여야지, 그렇지 않으면 당신의 기관은 점점 길을 잃을 것이다.

예컨대 하루 24시간 내내 교회를 열어 두기로 선언한 리더가 있었다. 훌륭한 시설을 방마다 늘 쓰이게 하려는 취지에서였다. 그런데 교인 수가 줄었다. 그 사명이 사람들의 열의를 이끌어 내지 못했기 때문이다. 당신의 사명은 마땅히 사람들을 감화시켜 함께할 수 있도록 이끌어야 한다.

다른 한 교회에는 사람들을 세워 주는 명쾌한 사명이 있다. 예배 시작 때마다 목사는 이렇게 말한다. "우리는 나사렛 예수님을 친밀하게 만나면 삶이 변화된다고 믿습니다. 우리의 사명은 예수님을 미소 짓게 해 드리는 것입니다." 이 선언문을 떠받쳐 주는 명확한 운영 가치와 신학적 가치관도 있다. 이 교회는 교인 수가 늘고 있다. 이 교회는 예수님을 미소 짓게 해 드린다는 주목적 하에 공동체가 함께 모이는 장이다.

목적 또는 사명이 명쾌하면 방향이 잡힌다. 방향

이 분명하지 않으면 당신의 리더십은 무의미해진다.《이상한 나라의 앨리스》의 주인공도 그 진리를 배웠다. 갈림길에 이른 앨리스가 어느 쪽 길로 갈지를 정하지 못해 체셔 고양이에게 조언을 구하자, 고양이는 어디로 가던 중이냐고 묻는다. 모른다는 앨리스의 말에 고양이는 "그럼 어느 쪽으로 가든 상관없어"라고 답한다.

기관이 관료주의에 빠지는 이유 중 하나는 그 기관이 해야 할 일이 무엇인지를 아무도 모르기 때문이다. 당신의 목적 또는 사명은 무엇인가? 당신이 하려는 일은 무엇이며, 사람들이 그 일에 열의를 보이는가?

켄의 아버지는 해군 장교였는데 대위로 일찍 전역했다. 왜 조기에 제대했느냐는 물음에 그는 이렇게 답했다.

"말하기 무엇하지만 나는 평시보다 전시의 해군이 훨씬 좋아요. 전쟁을 원한다는 말이 아니라 전시에는 우리가 군에 있는 이유와 목적이 분명했고, 이루려는 일이 무엇인지도 알았지요. 평시의 해군에는 그 목표의식이 희미하고, 해야 할 일이 무엇인지 아무도 모르다 보니, 부하의 자존심을 짓밟는 것을 자신의 본업으로 아는 리더가 너무 많게 되지요." 분명한 목적이 없이 운영하면 당신의 기관도 그렇게 된다.

놀이동산을 개척한 월트 디즈니(Walt Disney)는 사람들에게 신바람을 불어넣는 법을 알았다. 그는 "우리가 하려는 일은 사람들을 매혹하여 행복을 퍼뜨리는 것이다!"라고 말했다. 디즈니의 배역(직원)이 관객(고객)과 더불어 행하는 모든 일은 바로 그 명쾌한 목적에서 추동된다.

바라는 미래상

당신의 미래상 일을 잘해냈을 때란 어떤 모습인가? 일이 계획대로 진행된다면 미래가 어떻게 되겠는가?

예수님의 미래상 그분은 이것을 제자들에게 이런 명령으로 개괄하셨다.

> 너희는 가서 모든 민족을 제자로 삼아 아버지 와 아들과 성령의 이름으로 세례를 베풀고.
>
> 마 28:19

당신이 바라는 미래상은 무엇인가? 당신만 아니라 다른 사람들도 공유하고 싶을 만한 것인가? 당신의 기관에 대한 다큐멘터리를 찍는다면, 제작자는 누구와 대화해서 어떤 내용을 담아낼까? 결과가 어떻게 나올까? 당신은 자신이 비전을 수행하고 있는지 여부를 어떻게 알 것인가?

월트 디즈니의 미래상은 그가 전 직원에게 지시한 이 말 속에 표현되어 있다. "고객이 놀이동산에 들어올 때와 똑같이 미소 띤 얼굴로 이곳을 떠나게 하라." 놀이동산에서 2시간을 보내든 10시간을 보내든 상관없이 "고객의 미소가 끊이지 않게" 하라는 것이다.

당신의 가치관

당신이 표방하는 것은 무엇인가? 사람들의 행동이 어땠으면 좋겠는가?

가치관을 명확히 글로 써 놓은 기관은 전 세계를 통틀어 10퍼센트도 되지 않는다. 하지만 가치관이 중요한 이유는 목적과 미래상을 수행하는 동안 그것이 사람들의 행실을 추동하기 때문이다. 가치관을 정해 둔 회사 중에도 가치의 가짓수가 너무 많거나 순위를 매기지 않은 곳이 대부분이다. 여러 연구에서 보듯이 가치가 서너 가지가 넘으면 사람들이 집중할 수 없다. 당신이 그들의 행동에 제대로 영향을 미치려 한다면 말이다. 아울러 가치관이 효과를 발하려면 거기에 순위를 매겨야 한다. 왜 그럴까? 살다 보면 서로 다른 가치가 으레 충돌하기 때문이다. 그런 충돌이 발생할 때 그중 어느 가치에 집중해야 하는지를 직원들이 알고 있어야 한다. 월트 디즈니는 이것을 직관으로 알았다. 그래서 자기 기관의 네 가지 가치 중 안전을 친절, 쇼, 경제성보다 최우선으로 꼽았다. 왜 그랬을까? 고객이 놀이동산을 떠날 때 들것에 실려 나가면 들어올 때와 똑같이 미소 띤 얼굴이 될 수 없음을 그가 알았기 때문이다. 따라서 만일 직원이 고객에게 친절을 베풀고 있는데 어디서 비명 소리가 들린다면, 그 직원은 즉시 양해를 구하고 가서 1위 가치인 안전에 집중할 것이다.

바리새인들이 예수님께 어느 계명이 크냐고 물었을 때, 그분은 두 가지 계명으로 답하시면서 순서까지 정해 주셨다.

> "네 마음을 다하고 목숨을 다하고 뜻을 다하여 주 너의 하나님을 사랑하라" 하셨으니 이것이 크고 첫째 되는 계명이요 둘째도 그와 같으니 "네 이웃을 네 자신 같이 사랑하라" 하셨으니 이 두 계명이 온 율법과 선지자의 강령이니라.
>
> 마 22:37~40

당신 기관의 몇 가지 핵심 가치는 무엇이며, 중요도에서 그것들의 순서는 어떻게 되는가? 서번트 리더십의 참된 성공은 리더가 가치관을 얼마나 명확히 규정하고, 순위를 매기고, 실천하느냐에 달려 있다. 예수님은 하나님과 이웃을 사랑한다는 가치관을 실천하여 결국 십자가까지 지셨다.

> 사람이 친구를 위하여 자기 목숨을 버리면 이보다 더 큰 사랑이 없나니.
>
> 요 15:13

기말 고사의 A학점

대학 교수 시절에 켄은 자주 교수진의 반발을 사다가 교수위원회의 내사까지 받았다. 그들은 그가 기말 고사에 출제할 시험 문제를 늘 강의 첫날에 발표하는 것에 이의를 제기했다. 그런데 켄은 학생들에게 시험 문제를 미리 알려 줄 뿐만 아니라 학기 내내 답까지 가르쳐 줄 거라면서, 그 이유로 이런 논리를 폈다. 수업의 관건은 수업 내용을 잘 알아서 A학점을 받게 하는 것이 더 낫다는 것이다.

리더십 네트워크의 설립자이자 《하프타임》(국제제자훈련원 역간)의 저자인 밥 버포드는 우리도 다 인생이 끝날 때 하나님 앞에 서서 '기말 고사'를 치른다고 보았다. 그때 출제될 두 문항은 이것이다.

- 너는 예수님과 함께 무언가를 했느냐?
- 네 인생에 주어진 자원으로 무엇을 했느냐?

시험 문제를 미리 알면 A학점을 받지 못할 구실이 없어진다.

리더로서 당신이 바라는 게 무엇인지를 사람들에게 알려 주라. 그래야 그들이 출중한 실력을 발휘할 수 있다. 예수님은 자신이 기대하시는 바를 제자들에게 분명히 밝히셨다.

"누구든지 나를 따라오려거든 자기를 부인하고 자기 십자가를 지고 나를 따를 것이니라"(막 8:34).

명쾌한 비전의 수행

제자들의 발을 씻어 주실 때 예수님은 리더십의 양면 중 비전과 방향을 제시하는 역할에서 수행하는 역할로 초점을 옮기셨다. 하지만 그분의 이 행동은 그들이 나가서 무엇이든 대중이 원하는 대로 맞추어 주어야 한다는 뜻은 아니었다. 예수님의 비전은 명쾌했고, 그분은 이것을 위계상 최상위이신 아버지께로부터 받으셨다. "사람을 낚는 어부"로서 그들은 "가서 모든 민족을 제자로 삼"되, 먼저 하나님을 사랑하고 그 다음 이웃을 사랑하는 데 주력해야 했다. 예수님은 이 비전을 수행할 제자들이 서번트 리더가 되어, '기말 고사'를 잘 치르도록 사람들을 돕기를 원하셨다.

리더의 역할 중 비전을 제시하는 측면에는 전통적 위계가 효과적이다. 당연히 사람들은 리더가 비전과 방향을 제시해 주기를 바란다. 방향을 설정하는 과정에 다른 경험자를 개입시켜야 할지라도, 궁극적 책임은 리더의 몫이며 남에게 위임될 수 없다.

그런데 대다수 리더와 기관은 수행 단계 – 비전대로 사는 부분 – 에서 문제에 빠진다. 걸핏하면 전통적 위계를 고집하기 때문인데, 그러면 고객은 맨 아래에서 홀대를 당한다. 직원들이 상사에게 반응하여 비위를 맞추려다 보니 기관의 모든 에너지가 위계의 상부로 올라간다. 이런 권위주의적인 구조 때문에, 일선에서 고객을 상대하는 사람들은 "정책상 어쩔 수 없네요", "저는 직원일 뿐입니다", "높은 사람에게 말씀하시겠습니까?"와 같은 답답한 말만 늘어놓기 일쑤다. 이런 환경 속의 이기적인 리더는 "목자의 이익을 위해 양떼가 존재하는" 줄로 안다. 기관의 모든 자원이 위쪽으로 역류한다.

수행이 효과적으로 되려면 위계를 거꾸로 돌려야 한다. 즉 고객을 상대하는 직원들이 기관의 맨 위에서 고객에게 반응할 수 있어야 한다. 반면에 리더는 직원들을 섬겨 필요를 채워 주고, 기관의 비전과 방향을 실현하도록 그들을 돕는다. 바로 이것을 염두에 두고 예수님은 제자들의 발을 씻어 주신 것이다.

수행 단계에서 전통적 위계를 반대로 뒤집으면, 고객 – 당신 조직의 대상 – 에게 가장 가까이 있는 직원들이 전권으로 결정하고 총력을 기울여 문제를 해결할 수 있다.

일례로 리츠칼튼 호텔은 미국의 대규모 서비스 기관이다. 과거에 이 호텔의 모든 일선 직원에게는 2천 달러의 자금이 재량으로 주어졌다. 고객의 문제를 해결하는 데 상부의 결재 없이 지출할 수 있는 돈이었다. 이 정도면 막강한 권한이다!

비전대로 살라

예수님은 사역의 비전이 아주 명쾌했고, 기말 고사의 내용을 분명히 알려 주셨다.

일단 명쾌한 비전이 수립되어 시험 문제가 정해졌으면, 이제 리더는 일상 코칭에 착수한다. 즉 비전대로 살아서 기말 고사를 잘 치르도록 사람들을 준비시킨다. 리더십의 관건은 권력이나 통제가 아니라 사람들을 도와 비전대로 살게 하는 것이다. 모두가 비전－목적, 미래상, 가치관－대로 살아야 한다.

예수님은 "인자가 온 것은 섬김을 받으려 함이 아니라 도리어 섬기려 하고"(마 20:28)라고 말씀하셨다. 그분은 오셔서 무엇을 섬기셨던가? 아버지께 받으신 비전을 위해 사람들을 섬기셨다. 그분은 스승과 리더와 코치로 오셔서 제자들을 준비시키셨고, 그래서 그들은 바깥에 나가 다른 사람들을 도와 그 비전대로 살게 했다. 감옥선교회를 설립한 척 콜슨(Chuck Colson)은 어느 집회에서 켄의 앞 순서로 강연하면서 이렇게 지적했다.

"역사 속의 모든 왕과 여왕은 자기네를 위해 죽으라고 백성을 내보냈습니다. 반대로 백성을 위해 결연히 죽으신 왕은 제가 알기로 하나뿐입니다."

이것이야말로 섬김의 극치다.

예수님은 우리에게 사람들을 위해 실제로 죽으라고는 하지 않으시지만, 전통적 리더십을 가리키며 "너희 중에는 그렇지 않아야 하나니"(마 20:26)라고 말씀하신다. 그분이 명하신 대로 우리는 비전을 명확히 수립하여 세상을 이롭게 해야 한다.

그 비전은 당신보다 커야 한다. 일단 비전이 정해졌으면 우리는 주님께서 명하신 대로 서번트 리더답게 행동해야 한다. 서번트 리더십은 비전으로 시작되어 섬기는 마음으로, 즉 사람들을 도와 그 비전대로 살게 해 주는 것으로 완성된다.

서번트 리더십은
비전으로 시작되어 섬기는 마음으로,
즉 사람들을 도와 그 비전대로
살게 해 주는 것으로
완성된다.

서번트 리더의
관점 적용하기

서번트 리더가 되고자 힘쓴다

　사람의 성장과 발전을 '수단'에서 '목표'로 격상시켜, 그것을 기관의 사명인 제품이나 서비스와 동급으로 중요하게 여겨야 한다. 자아에 지배당하는 리더와 달리, 서번트 리더는 이끄는 대상의 필요와 열망을 더욱 깊이 알아야 한다.

'성공'과 '효율성'의 차이를 안다.

　'성공'은 단기적 목표를 달성하느라 정작 그 성공을 이루어 내는 사람들에게 장기적 피해를 입힐 수 있다. '효율성'은 성과 자체만 아니라 그 바람직한 결과를 산출하는 사람들의 장기적 성장과 발전도 함께 이루어 낸다.

리더십의 수준을 끌어올린다

효율적인 리더십은 당신이 누구를 따르느냐에 달려 있다. 서번트 리더다운 행동이 지속되려면, 그것이 마음의 헌신과 확신의 표출이라야만 한다. 포괄적인 리더십 이론이 모두 그렇듯이, 행동으로 실천하는 부분이 어려운 법이다.

대가를 계산하고 치른다

그리스도를 닮은 서번트 리더는 당연히 진실을 말해야 하고 현실에 충실해야 한다. 서번트 리더십의 가치관대로 섬기며 살려면 대가가 따른다. 이 대가를 정직하게 소통하는 것이야말로 리더의 진실성을 판가름하는 중대한 시험이다. 예수님은 하나님 나라의 비전대로 사는 데 따르는 대가를 축소하신 적이 없다. 사람들에게 늘 유익과 대가를 둘다 최대한 알아듣게 말씀하신 뒤, 순전히 각자의 선택에 맡기셨다.

서번트 리더의 직무

◆ 비전을 수립한다

◆ 운영 가치, 조직, 행동 규범 등을 규정하고 모범을 보
   인다.

◆ 따르는 이들을 비전의 동반자로 보고 그런 환경을 조
   성한다.

◆ 섬기는 마음으로 위계의 맨 아래로 내려간다.

서번트 리더십은
가장 가까운 관계 속에서
시작된다.

서번트 리더의 손
리더십의 행함과 적용

4

너희는 말씀을 행하는 자가 되고 듣기만 하여
자신을 속이는 자가 되지 말라.

약 1:22

지금까지 개념을 알아보았다. 그렇다면 당신은 정말 변화되어 더 나은 서번트 리더가 될 마음이 있는가?

효율적인 서번트 리더십의 여정은 이제 바깥으로 향한다. 즉 따르는 이들과의 교류에서, 마음과 머리가 리더의 행동을 이끌어 나간다. 이제부터 선한 의도와 바른 생각이 알찬 열매를 맺는다. 바로 여기서 진정한 제자도가 참으로 검증된다.

리더의 행동은 장기적 효율성을 낳을 수도 있고, 그것을 무너뜨릴 수도 있다. 신뢰를 구축하는 능력은 리더의 결정 하나하나에 달려 있다. 리더의 동기도 바르고 사고도 명쾌한데 행동이 부실하거나 이기적이면, 아무리 수고해도 효율성이 없어서 낭패를 당한다. '리더의 손'을 다루는 이번 장의 취지는 다음 두 가지 중요한 성장 영역의 기본 지침을 알아보는 데 있다.

- ◆ 변화를 효과적으로 이루어 나가는 역동을 이해한다.
- ◆ 예수께서 모범을 보이신 상황대응 리더십 II의 개념을

기관의 목적 달성에만 아니라 사람의 성장과 발전에도 적용한다.

무슨 일을 하든지 마음을 다하여 주께 하듯 하고 사람에게 하듯 하지 말라. 이는 기업의 상을 주께 받을 줄 아나니 너희는 주 그리스도를 섬기느니라.

골 3:23~24

손에 쟁기를 잡고 뒤를 돌아보는 자는 하나님의 나라에 합당하지 아니하니라.

눅 9:62

변화의 역동을 이해하라

서번트 리더가 흔히 수행하는 중요한 역할은 꼭 필요한 변화를 촉진하는 것이다. 그러려면 변화의 네 가지 수위를 반드시 알아야 한다. 수위마다 어려운 정도와 걸리는 시간이 다르다.

지식은 변화되기에 가장 쉽고 시간도 덜 걸린다. 지식 수위에서 사람을 변화시키려면, 학교에 보내거나 책을 주거나 해당 주제의 전문가를 부르거나 기타 적절한 방법으로 정보를 제공하면 된다.

태도는 지식에 감정이 실린 상태다. 즉 자신이 아는 바에 대한 긍정이나 부정의 느낌이다. 사람의 태도는 지식보다 변화시키기가 어렵다. 왜 그럴까? "알긴 알겠는데 … 변화되고 싶지 않다"라는 반응이 가능하기 때문이다.

행동은 지식과 태도보다 변화되기가 훨씬 어렵고 시간도 더 걸린다. 왜 그럴까? 이제 무언가를 해야 하기 때문이다. 예컨대 어떤 사람들은 흡연이 건강해 해로움을 알고(지식 수위) 정말 금연을 원하지만(태도 수위), 막상 그 행동을 끊기란 어렵다.

기관의 변화는 가장 어려운 변화다. 많은 사람의 지식과 태도와 행동에 영향을 미쳐야 하기 때문이다.

변화는 왜 이렇게 어려운가?

변화를 기정사실로 받아야 한다. 어차피 많은 것이 변하게 되어 있다. 여기에 적응하지 못하면 당신의 기관은 도태된다.

서번트 리더로서 당신은 비전을 수행하는 데 꼭 필요한 변화가 무엇인지를 파악하여, 사람들을 그 방향으로 이끌어야 한다. 변화는 좀처럼 쉽지 않지만, 변화에 대한 사람들의 반응을 이해하면 모든 사람의 수행이 덜 힘들어진다.

변화에 대한 사람들의 일곱 가지 반응
– 그리고 그 과도기를 리더가 원활하게 해 줄 수 있는 방법

1. 어색하게 느껴진다. 사람들은 변화에 직면 하면 불편해하며 몸을 사린다.
   — 무엇을 예상해야 할지를 미리 말해 주라.

2. 혼자라는 느낌이 든다. 동일한 변화를 전원
   다 겪고 있더라도 말이다.

— 여러 활동을 구상하여 참여를 유발하라.
   각자의 아이디어를 나누도록 격려해 주라.
   변화 기간 동안 협력하여 서로 돕게 하라.

3. 포기해야 할 것부터 생각한다.

— 변화의 노력에 뒤따를 유익을 처음부터
   내세우지 말라. 각자 잃어버릴 것을 슬퍼
   할 시간을 주라. 그들의 말을 경청하라.

4. 변화를 한꺼번에 감당하기에는 한계를 느
   낀다.

— 어떤 변화부터 이루어 나갈지 우선순위를
   정하라. 장기전으로 임하라.

5. 변화를 수행하기 위한 자원(시간, 돈, 기술
   등)이 충분하지 않다고 염려한다.

— 창의적인 문제 해결을 독려하라.

6. 특정한 변화에 대해 준비된 정도가 사람마
   다 다르다.

— 부정적인 꼬리표를 붙이거나 들볶지 말

라. 모험에 나서는 사람도 있는 반면, 안전
하게 느끼기까지 더 오래 걸리는 사람도
있음을 인식하라. 하나의 변화를 일찍 수
용하는 사람도 다른 변화에는 주저할 수
있다.

7. 변화의 부담이 걷히면 옛 행동으로 되돌아
간다.

— 변화를 유지하며 여정을 지속하는 데 계
속 집중하게 하라.

사람과 성과를 똑같이 중시하라

서번트 리더의 또 다른 핵심 요소는 사람의 발전
을 성과와 대등하게 최종 목표로 삼는 것이다.

서번트 리더로서 비전을 이루어 나가려면 사람
을 키워야 한다. 그래야 당신이 곁에 없을 때도 그
들이 그 비전에 힘쓸 수 있다. 효율적인 서번트 리
더의 궁극적 표징은 당신이 현장에 없을 때 벌어지

는 일이다. 예수님의 리더십은 그 점에서 위력적이었다. 그분이 훈련하신 리더들은 그분이 더는 몸으로 함께 계시지 않을 때도 계속 세상을 변화시켰다. 그분은 떠나실 때 그들에게 약속하셨듯이 우리에게도 "볼지어다 내가 세상 끝날까지 너희와 항상 함께 있으리라"(마 28:20)라고 약속하신다. 우리도 리더의 임기가 끝난 후에까지 서번트 리더십의 유산을 남기려면, 모범을 보여 가치관대로 살면서 또한 시간을 투자하여 사람을 키워야 한다.

변화를 낳는 리더십
상황대응 리더로서 섬기신 예수님

제자들을 훈련하여 열정적인 초보자에서 효율적인 "사람 낚는 어부"로 변화시키실 때, 예수님은 그들의 필요에 맞게 리더십 유형을 달리하여 지시와 지원을 베푸셨다. 상황대응 리더십 II*는 예수께서 모범을 보이신 서번트 리더십의 원리를 기술하고 적용하는 하나의 실제적인 틀이다.

[*상황대응 리더십 II − 켄 블랜차드는 1960년대 말에
폴 허시(Paul Hersey)와 함께 상황대응 리더십을 처음 계
발했다. 그러다 1980년대 초에 켄 블랜차드 컴퍼니의 창
립 동료들과 함께 그 이론의 신세대인 상황대응 리더십
II를 창안했다. 이 개념은 켄 블랜차드, 퍼트리샤 지가미
(Patricia Zigarmi), 드레아 지가미(Drea Zigarmi)가 공저
한 《플렉서블: 켄 블랜차드의 상황대응 리더십》(21세기
북스 역간)에 가장 잘 설명되어 있다.]

상황대응 리더십 II
**상황대응 리더가 되려면 진단, 융통성, 협력 수행
등 세 가지 기술이 필요하다.**

기술1: 진단

단 하나의 가장 좋은 리더십 유형이란 없다. 리
더의 효율성은 영향을 미치려는 대상의 발달 단계

에 따라 그 양상이 전적으로 달라진다. 상황대응 리더의 첫 번째 기술은 발달 단계를 진단할 수 있어야 한다는 것이다.

상황대응 리더십 II의 가르침에 따르면, 사람의 발달 단계는 각 업무나 목표에 따라 다를 수 있으며, 이 차이를 낳는 두 가지 변수는 헌신(확신, 열정)과 능력(지식, 기술, 경험)이다.

헌신과 능력의 네 가지 기본 조합을 통해 개인의 발달 단계를 알 수 있다.

열정적인 초보자(발단 단계 I)

업무에 대한 헌신도는 높지만 능력의 수준은 낮다. 해당 업무를 여태 해 본 적이 없기 때문이다.

사례 15세 소녀가 임시 면허증을 받는다. 첫날부터 설레는 마음으로 자신감에 차 있지만 운전에 대해서는 거의 문외한이다.

환멸을 맛본 학습자(발달 단계 II)

경험과 능력도 아직 부족한 데다 헌신과 열정의

수위마저 낮아진다. 학습 과정에서 실패를 겪었거나 업무가 생각보다 어려움을 깨달았기 때문이다.

사례 그 소녀가 첫 시운전에서부터 지지부진하여 울음을 터뜨린다.

유능하지만 주저하는 수행자(발달 단계 III)

능력은 중급 내지 상급이지만 열정이나 확신을 상당히 잃었을 수 있다. 업무를 스스로 수행하기를 주저할 수도 있다.

사례 그 소녀가 필기시험에는 합격했으나 주행시험에 떨어져 초조해한다.

최상급 수행자 또는 독립적 성취자(발단 단계 IV)

능력도 뛰어나고, 해당 업무를 수행하려는 헌신도 뜨겁다.

사례 그 소녀가 주행 시험에 당당히 합격하여, 부모의 허락으로 매일 직접 운전해서 학교에 다닌다.

기술2: 융통성

일단 사람의 발달 단계를 알았으면, 이제 당신은 상대를 적합한 리더십 유형으로 대해야 한다. 융통성을 발휘하여 다양한 리더십 유형을 능숙하게 구사할 수 있어야 한다. 그래야 개개인을 도와 목표나 업무를 달성하게 할 수 있다.

상황대응 리더십 II에 따르면, 사람의 발전을 돕기 위해 당신이 리더로서 시도할 수 있는 행동 유형은 두 가지다.

지시 행동 사람들에게 언제 어디서 무엇을 어떻게 해야 할지를 말해 준다.
지원 행동 사람들의 말을 경청하고, 그들을 결정 과정에 동참시키고, 격려하고, 진전을 칭찬하고, 대인 교류를 촉진한다.

기술3: 협력 수행

리더는 자신이 어떻게 협력하여 사람들의 목표 달성을 도울 것인지를 그들과 함께 결정해야 하며,

합의 사항을 모두 지켜야 한다. 그러려면 리더십 유형이 상대의 발달 단계에 맞아야 한다. 예수님도 바로 그렇게 제자들을 열정적인 초보자에서 최상급 수행자로 변화시키셨다.

리더십의 네 가지 유형

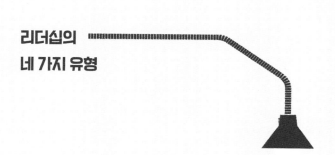

리더의 지시 행동과 지원 행동에도 네 가지 기본 조합이 가능하다.

지시(유형1) — 지시는 많고 지원은 적다

리더는 역할과 목표를 구체적으로 지시한 뒤, 수행을 면밀히 추적하여 수시로 결과에 대한 피드백을 준다.

사례 앞서 말한 15세 소녀의 아버지는 딸이 시동을 걸고 첫 시운전에 나서기 전에 꼭 해야 할 일을 정확히 순서대로 말해 준다.

코칭(유형2) — 지시도 많고 지원도 많다

리더는 이유를 설명하고, 제안을 이끌어 내고,

얼추 맞게 했으면 진전을 칭찬한다. 그러면서도 업무를 완수하도록 계속 지시한다.

사례 딸이 첫 시운전 중에 울다가 그치자 아버지는 사이드미러를 조정하고 안전벨트 착용한 것을 잘했다고 칭찬해 준다. 하지만 다시 시동을 켜기 전에 클러치 작동법을 복창하게 한다.

지원(유형3) — 지시는 적고 지원은 많다

리더는 대인 교류를 촉진하고, 사람들의 말을 경청하고, 생각을 표현하도록 유도하고, 격려와 지원을 베푼다. 하지만 지시는 거의 하지 않는다.

사례 첫 주행 시험에 떨어진 딸을 아버지가 포옹해 주면서 집에까지 운전대를 잡게 해 준다.

위임(유형4) — 지시도 적고 지원도 적다

리더는 사람들이 독자적으로 행동하여 적절한 자원으로 일을 해내도록 그들에게 권한을 부여한다.

사례 부모가 십대 딸에게 매일 직접 운전해서 학교에 다니도록 허락한다.

◆ 지시는 적고 지원은 많다 ◆ 대화를 거쳐 발달 단계3에 　　준하여 결정한다	◆ 지시도 많고 지원도 많다 ◆ 대화를 거쳐 함께 　　결정하거나 리더가 결정한다
|지원|　　**유형3**	**유형2**　　|코칭|
|위임|　　**유형4**	**유형1**　　|지시|
◆ 지시도 적고 지원도 적다 ◆ 각자가 결정한다	◆ 지시는 많고 지원은 적다 ◆ 리더가 결정한다

많다 ↑

지원 행동

적다 ·········· 지시 행동 ·········· ▶ 많다

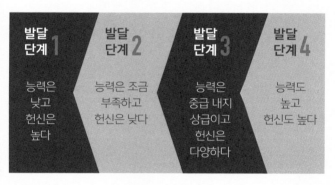

발달 단계 **1**	발달 단계 **2**	발달 단계 **3**	발달 단계 **4**
능력은 낮고 헌신은 높다	능력은 조금 부족하고 헌신은 낮다	능력은 중급 내지 상급이고 헌신은 다양하다	능력도 높고 헌신도 높다

발달 단계 ·········· ▶

상황대응 리더이신 예수님
제자들이 열정적인 초보자였을 때(발달 단계1)
능력은 낮고 헌신은 높다

마태복음 4장 18~22절에 이런 말씀이 있다.

> 갈릴리 해변에 다니시다가 두 형제 곧 베드로
> 라 하는 시몬과 그의 형제 안드레가 바다에
> 그물 던지는 것을 보시니 그들은 어부라. 말
> 씀하시되 "나를 따라오라. 내가 너희를 사람
> 을 낚는 어부가 되게 하리라" 하시니 그들이
> 곧 그물을 버려두고 예수를 따르니라. 거기서
> 더 가시다가 다른 두 형제 곧 세베대의 아들
> 야고보와 그의 형제 요한이 그의 아버지 세베
> 대와 함께 배에서 그물 깁는 것을 보시고 부
> 르시니 그들이 곧 배와 아버지를 버려두고 예
> 수를 따르니라.

열심히 일하던 이 어부들에게서 예수님은 앞으

로 사명의 리더가 될 원자재를 보셨다. 이 땅에서 사역하시는 기간이 끝나면 그분은 그 사명을 그들에게 맡기실 참이었다. 예수께서 사람 낚는 어부라는 더 높은 목적으로 부르시자 그들은 열정에 부풀어 여태 하던 일을 정말 그만두었다. 하지만 헌신만 높았지 이 새로운 직무를 어떻게 수행해야 할지는 거의 혹은 전혀 몰랐다.

이때의 예수님의 리더십 유형: 지시(유형1)
지시는 많고 지원은 적다

열정적인 초보자(발달 단계1)에게 필요한 리더십 유형은 지시(유형1)다. 즉 지시 행동은 많고 지원 행동은 적어야 한다.

열정적인 초보자들을 자신의 대사(사도)로 처음 파송하실 때 예수님은 지시라는 적합한 리더십 유형으로 그들을 대하셨다.

다음은 그분이 열두 제자를 파송하실 때 지시하신 내용이다.

> 병든 자를 고치며 죽은 자를 살리며 나병환자를 깨끗하게 하며 귀신을 쫓아내되 너희가 거저 받았으니 거저 주라. 너희 전대에 금이나 은이나 동을 가지지 말고 여행을 위하여 배낭이나 두 벌 옷이나 신이나 지팡이를 가지지 말라. 이는 일꾼이 자기의 먹을 것 받는 것이 마땅함이라.
>
> 마 10:8~10

제자들이 환멸을 맛본 학습자였을 때(발달 단계2)
능력은 조금 부족하고 헌신은 낮다

> 주여, 내 아들을 불쌍히 여기소서. 그가 간질로 심히 고생하여 자주 불에도 넘어지며 물에도 넘어지는지라 내가 주의 제자들에게 데리

고 왔으나 능히 고치지 못하더이다.

마 17:15~18

(예수께서 그 아이를 고쳐 주신 후에) 제자들이 조용히 예수께 나아와 이르되 "우리는 어찌하여 쫓아내지 못하였나이까".

마 17:19

사람 낚는 어부가 되는 일은 제자들에게 난생처음이었다. 그래서 자신들의 능력으로 감당할 수 없는 상황이 발생하자 자신감이 뚝 떨어졌다. 따로 예수님께 설명을 구하던 그때에 그들이 느꼈을 환멸이 가히 짐작이 간다. 그런데 그들의 환멸에 그분이 어떻게 반응하시는지 잘 보라.

이때의 예수님의 리더십 유형: 코칭(유형2)
지시도 많고 지원도 많다

환멸을 맛본 학습자(발달 단계2)에게 필요한 리더십 유형은 코칭(유형2)이다. 즉 지시도 많고 지원도 많아야 한다.

제자들의 환멸에 예수님은 코칭이라는 적합한 리더십 유형으로 대응하셨다. 그래서 질문에 이렇게 답하셨다.

> 너희 믿음이 작은 까닭이니라. 진실로 너희에게 이르노니 만일 너희에게 믿음이 겨자씨 한 알만큼만 있어도 이 산을 명하여 여기서 저기로 옮겨지라 하면 옮겨질 것이요 또 너희가 못할 것이 없으리라.
>
> 마 17:20

보았는가? 예수님은 제자들을 책망하거나 그들

에게 화내지 않으셨다. 대신 헌신이 낮아진 그들에게 요긴한 지원을 베푸셨고, 동시에 그들이 아이를 고치지 못한 이유와 관련하여 아주 구체적인 지침을 주셨다.

예수님이 제자들의 실수 때문에 발끈하신 적은 성경 어디에도 없다. 참된 상황대응 리더는 화내지 않고 필요에 따라 리더십 유형을 조정하여, 개개인을 독립적 성취자가 되도록 돕는다.

베드로가 유능하지만 주저하는 수행자였을 때

(발달 단계3)

능력은 중급 내지 상급이고 헌신은 다양하다

제자들이 그가 바다 위로 걸어오심을 보고 놀라 유령이라 하며 무서워하여 소리 지르거늘 예수께서 즉시 이르시되 "안심하라. 나니 두려워하지 말라." 베드로가 대답하여 이르되 "주여, 만일 주님이시거든 나를 명하사 물 위

로 오라 하소서" 하니 "오라" 하시니 베드로
가 배에서 내려 물 위로 걸어서 예수께로 가
되 바람을 보고 무서워 빠져 가는지라. 소리
질러 이르되 "주여, 나를 구원하소서" 하니.

마 14:26~30

베드로는 충분한 확신과 능력을 보이며 기적처
럼 물 위를 걷기 시작했으나(예수님 외에 이런 위업의
이력을 갖춘 사람은 그뿐이다), 주변 환경이 너무 적대
적인 듯 보이자 자신감을 잃었다.

이때의 예수님의 리더십 유형: 지원(유형3)
지시는 적고 지원은 많다

유능하지만 주저하는 수행자(발달 단계3)에게 필
요한 리더십 유형은 지원(유형3)이다. 즉 지시 행동
은 적고 지원 행동은 많아야 한다.

자신감을 잃은 베드로를 예수님은 지원이라는 적합한 리더십 유형으로 대하셨다. 그를 구해 주셨고, 이어 안심시켜 주셨다.

> 예수께서 즉시 손을 내밀어 그를 붙잡으시며 이르시되 "믿음이 작은 자여, 왜 의심하였느냐" 하시고.
>
> 마 14:31

베드로가 최상급 수행자였을 때(발달 단계4)
능력도 높고 헌신도 높다

> 그런즉 이스라엘 온 집은 확실히 알지니 너희가 십자가에 못 박은 이 예수를 하나님이 주와 그리스도가 되게 하셨느니라" 하니라. 그들이 이 말을 듣고 마음에 찔려 베드로와 다른 사도들에게 물어 이르되 "형제들아, 우리가 어찌할꼬" 하거늘 베드로가 이르되 "너희

가 회개하여 각각 예수 그리스도의 이름으로 세례를 받고 죄 사함을 받으라. 그리하면 성령의 선물을 받으리니.

행 2:36~38

예수님을 모른다고 부인했던 베드로가 이제 최상급 수행자의 권능과 확신으로 그분의 이름을 선포한다. 이 네 번째 발달 단계를 독립적 성취자라고도 표현하지만, 필시 베드로는 이것이 자신의 성취라고 주장하지 않을 것이다. 베드로후서 1장 3절에 그가 말한 대로다.

그의 신기한 능력으로 생명과 경건에 속한 모든 것을 우리에게 주셨으니 이는 자기의 영광과 덕으로써 우리를 부르신 이를 앎으로 말미암음이라.

이때의 예수님의 리더십 유형: 위임(유형4)

지시도 적고 지원도 적다

최상급 수행자(발달 단계4)에게 필요한 리더십 유형은 위임(유형4)이다. 즉 지시도 적고 지원도 적어야 한다.

제자들이 독자적으로 나가 "기쁜 소식"을 전할 때가 되자 예수님은 리더십 유형을 거기에 적합하게 위임으로 조정하셨다.

> 예수께서 나아와 말씀하여 이르시되 "하늘과 땅의 모든 권세를 내게 주셨으니 그러므로 너희는 가서 모든 민족을 제자로 삼아 아버지와 아들과 성령의 이름으로 세례를 베풀고 내가 너희에게 분부한 모든 것을 가르쳐 지키게 하라. 볼지어다 내가 세상 끝날까지 너희와 항상 함께 있으리라" 하시니라.
>
> 마 28:18~20

보았는가? 예수님은 제자들을 혼자 두지 않으시고 "내가 … 너희와 항상 함께 있으리라"라고 말씀하셨다. 여기 핵심 요지가 있으니, 곧 위임은 지시나 지원을 완전히 끊는다는 뜻이 아니다. 위임은 유기(遺棄)가 아니다.

서번트 리더는 수행 코치다.

효율적인 서번트 리더의 핵심 활동은 수행 코치의 역할을 다하는 것이다. 예수님은 제자들을 불러 자신을 따르게 하실 때, 그들이 '사람 낚는 어부'로 발전해 나가는 동안 그들에게 전폭적인 지원과 지도를 베푸실 것을 약속하셨다. 서번트 리더의 본분은 따르는 이들의 삶 속에 리더의 삶을 지속적으로 투자하는 것이다. 예수님은 제자들이 개인으로나 단체로서 성장해 감에 따라 자신의 리더십 유형을 적절히 조정하셨고, 이로써 그들에게 권한을 부여하여 자신이 떠나신 후에 일을 뒤잇게 하셨다.

그분은 서번트 리더십에 대해 마음과 머리에 품고 계신 내용을 자신의 손(리더의 효율적인 행동)을 통해 전수하셨다.

서번트 리더의 습관
비전에 헌신하는 매일의 실천

5

너희는 가만히 있어 내가 하나님 됨을 알지어다.

시 46:10

무엇이든 습관이 되려면 먼저 그것을 훈련으로 실천해야 한다

리더십에는 매일의 압력이 뒤따르기 때문에, 자칫 리더는 초점에서 벗어나 효율성을 잃을 수 있다. 습관에 대한 이번 장의 취지는 예수께서 모범을 보이신 몇 가지 중요한 습관을 개괄하는 데 있다. 그런 습관에 힘입어 그분은 끝까지 초점을 잃지 않고 비전을 고수하실 수 있었다.

효율적인 서번트 리더는 다섯 가지 훈련을 통해 날마다 자신의 비전 – 목적, 미래상, 가치관 – 에 다시금 헌신하는데, 이는 예수께서 이 땅에 사시는 동안 실천하신 필수 요소이기도 하다.

- ◆ 고독을 실천하는 습관 — 하나님과 단둘이 시간을 보낸다
- ◆ 기도를 경험하는 습관 — 하나님과 대화한다
- ◆ 성경을 적용하는 습관 — 닥쳐올 도전에 대비한다
- ◆ 하나님의 무조건적인 사랑 안에 거하는 습관 — 신뢰를 바탕으로 담대히 전진한다

◆ 지원 관계를 유지하는 습관 ─ 그분의 약한 모습에 동참
한다

습관1: 고독을 실천하는 습관
하나님과 단둘이 시간을 보낸다

하나님은 우리를 고독 속으로 부르신다.

예수께서 우리에게 모범을 보이신 고독이라는
영적 훈련은 영혼이 새로워지는 데 꼭 필요한 습관
이다. 그분이 아버지 안에 살아가시는 데 유용했던
습관이라면 당연히 우리에게도 유용할 수밖에 없다.

예수님은 외면의 고독에 잠겨 내면의 고독인 평
정심과 목적의식을 다지셨는데, 다음은 그 몇 가지
예다.

◆ 리더십과 대중 사역의 시험에 대비하실 때 그분은 광야
에서 40일을 홀로 지내셨다(마 4:1~11).

◆ 열두 제자를 택하시기 전에 그분은 밤새도록 산에서 홀로 지내셨다(눅 6:12).

◆ 계속 병자를 치유할 것인지 아니면 다른 곳으로 이동하여 기쁜 소식을 가르쳐야 할 것인지를 정하셔야 했을 때, "새벽 아직도 밝기 전에 예수께서 일어나 나가 한적한 곳으로 가사 거기서 기도하시더니"(막 1:35).

세례 요한이 죽었다는 소식을 들으셨을 때 그분은 거기서 물러나 배를 타고 따로 빈들로 가셨다(마 14:13).

기적으로 5천 명을 먹이신 후에 그분은 "따로 산에 올라가"셨다(마 14:23).

여기서 '고독'이란 오랫동안 대인 접촉을 끊고 홀로 있는 상태를 뜻한다. 대인 접촉을 잠깐만 끊기는 힘들다. 접촉이 끝난 후에도 여파가 오래 남기 때문이다.

침묵은 고독의 자연스러운 일부이자 고독을 완성시켜 주는 필수 요소다. 소음의 대부분은 대인 접촉이다. 침묵이란 자연의 평온한 소리 외에는 모든 소리와 소음에서 벗어난다는 뜻이다. 동시에 침묵은 말을 하지 않는다는 뜻이기도 하다. 묵언이 영혼에 미치는 영향은 그냥 조용하기만 한 것과는 다르다. 구습이 깨지고 우리 안에 그리스도의 성품이 형성되려면, 침묵의 이 두 가지 차원이 모두 중요하다.

고독과 침묵에 잠기면, 사람과 사건을 대하는 우리 내면의 근본적 태도를 개선할 여지가 생겨난다. 어깨에 지고 있던 세상을 한동안 내려놓을 수 있다. 매사를 끊임없이 관리하는 습관, 통제하는 습관, 다 내 소관인 줄로 아는 습관 등에서 벗어날 수 있다.

아무것도 하지 않고 가만히 있을 줄 아는 것이야말로 최고의 영적 경지에 속한다. 그래서 그리스도인 철학자 블레즈 파스칼(Blaise Pascal)은 이런 통찰력 있는 말을 남겼다. "알고 보니 인간의 모든 불행은 단 한 가지 사실에서 비롯된다. 즉 방 안에 조용히 있을 줄 모르기 때문이다."

할 일이 너무 많을 때의 치료제는 고독과 침묵

이다. 거기서 자신이 무사히 행위 이상임을 깨닫기 때문이다. 외로움의 치료제도 고독과 침묵이다. 거기서 자신이 여러 모로 혼자가 아님을 깨닫기 때문이다.

고독을 실천하는 법

최소한 30분 동안 인간의 각종 소음(텔레비전, 휴대전화, 팩스, 음성 메시지, 남몰래 쌓아 둔 서류 더미, 잡지, 책 등)에서 완전히 벗어나 있을 수 있는 장소를 찾으라.

가만히 앉아 있으면 잠들 것 같거든, 산책을 나가라. 단 도중에 누구와도 대화해서는 안 된다.

편안한 자세로 앉은 다음, 손바닥을 밑으로 가게 해서 양손을 무릎 위에 올려놓으라. 산책할 경우에는 그 자세를 상상하면 된다. 이 손 자세에 맞추어 모든 걱정거리 또는 애써 관리하거나 통제하려는 사안을 머릿속에서 십자가 밑에 내려놓으라. 내려놓을 때는 각각의 짐을 구체적으로 지목해야 한다.

걱정거리가 더는 떠오르지 않거든, 두어 번 심호흡을 한 뒤 손바닥이 위로 가게 손을 뒤집으라. 산책 중일 때는 머릿속으로 하면 된다. 그 상태에서 하나님이 보여 주시는 것을 조용히 받으라.

하나님과 함께 보내는 이 시간에는 아무런 예상이나 계획이 없어야 한다. 나머지는 그분이 다 알아서 하신다.

아무것도 염려하지 말고 다만 모든 일에 기도와 간구로, 너희 구할 것을 감사함으로 하나님께 아뢰라. 그리하면 모든 지각에 뛰어난 하나님의 평강이 그리스도 예수 안에서 너희 마음과 생각을 지키시리라.

빌 4:6~7

습관2: 기도를 경험하는 습관
하나님과 대화한다

새로운 도전이나 오래된 유혹이 닥쳐올 때 기도가 궁여지책이 아니라 당신의 첫 반응이라고 그냥 전제하라.

기도의 능력과 특권

기도란 곧 하나님과 대화하는 소통이다. 기도할 때 우리는 소리를 내서든 생각 속에서든 하나님께 말하는 것이다. 기도가 잘되려면 다른 훈련과 영적 활동이 거의 항상 수반되어야 한다. 특히 공부와 묵상과 예배가 필요하며, 고독과 금식이 뒤따를 때도 많다.

기도를 주로 훈련으로 행한다면, 꽤 낮은 수준의 신앙생활일 것이다. 기도란 선한 일을 이루고 하나님 나라의 목적을 진척시키기 위해 그분과 협력하는 한 방법이기 때문이다. 하지만 기도는 훈련이기

도 하며 매우 효과적인 일이다. 그래서 우리 주님
은 겟세마네 동산에서 곁에 있던 제자들에게 "시험
에 들지 않게 깨어 기도하라"(마 26:41)라고 당부하
셨다.

자신의 영적 필요와 성장 이외의 다른 문제로 기
도한다 해도, 하나님과 대화하면 우리 성품의 모든
면이 영적으로 두루 강건해질 수밖에 없다. 참으로
대화다운 기도는 우리의 사고에 지울 수 없는 흔적
을 남긴다. 그래서 살아가는 내내 그분이 늘 생생
히 느껴진다.

> 그를 향하여 우리가 가진바 담대함이 이것이
> 니 그의 뜻대로 무엇을 구하면 들으심이라.
> 우리가 무엇이든지 구하는 바를 들으시는 줄
> 을 안즉 우리가 그에게 구한 그것을 얻은 줄
> 을 또한 아느니라.
>
> 요일 5:14~15

기도하는 법

ACTS라는 단순한 머리글자는 기도의 네 가지 기본 요소를 기억하는 데 도움이 된다.

경배(Adoration) 모든 기도는 경배로 시작되어야 한다. 주님께 사랑을 고백하며, 그분이 행하시고 창조하신 모든 것을 인해 감사드리라.

> 내 영혼아, 여호와를 송축하라. 내 속에 있는 것들아, 다 그의 거룩한 이름을 송축하라. 내 영혼아, 여호와를 송축하며 그의 모든 은택을 잊지 말지어다.
>
> 시 103:1~2

자백(Confession) 우리는 여전히 하나님의 완전하심에 이르지 못하는 존재인 만큼, 그동안 범한 모든 죄를 반드시 씻음 받아야 한다.

> 만일 우리가 우리 죄를 자백하면 그는 미쁘시

고 의로우사 우리 죄를 사하시며 우리를 모든 불의에서 깨끗하게 하실 것이요.

요일 1:9

감사(Thanksgiving) 추수감사절이 그토록 중시되는 명절인 데는 우리가 감사를 참으로 즐거워한다는 이유도 있다. 그러니 감사를 매일 하면 어떨까? 기도의 이 부분에서는 특히 지난번 기도한 뒤로 당신에게 해 주신 모든 일을 인해 하나님께 감사드리라.

너희의 마음으로 주께 노래하며 찬송하며 범사에 우리 주 예수 그리스도의 이름으로 항상 아버지 하나님께 감사하며.

엡 5:19~20

간구(Supplication) 이제 필요한 것을 구할 차례다. 먼저 다른 사람들을 위해 기도한 뒤, 하나님께 자신의 필요를 채워 달라고 구하라. 바라는 게 많아도 괜찮다. 하나님의 말씀에 나와 있듯이 우리는 담대히 구할 수 있다.

> 구하라 그리하면 너희에게 주실 것이요 찾으
> 라 그리하면 찾아낼 것이요 문을 두드리라 그
> 리하면 너희에게 열릴 것이니.
>
> 마 7:7

습관3: 성경을 적용하는 습관
닥쳐올 도전에 대비한다

성경을 암송하는 훈련은 도전이나 유혹에 부딪쳐 어떻게 감당해야 할지 막막할 때 큰 보상이 된다.

> 너희는 이 세대를 본받지 말고 오직 마음을
> 새롭게 함으로 변화를 받아 하나님의 선하시
> 고 기뻐하시고 온전하신 뜻이 무엇인지 분별
> 하도록 하라.
>
> 롬 12:2

모든 성경은 하나님의 감동으로 된 것으로 교훈과 책망과 바르게 함과 의로 교육하기에 유익하니 이는 하나님의 사람으로 온전하게 하며 모든 선한 일을 행할 능력을 갖추게 하려 함이라.

딤후 3:16~17

너희가 내 안에 거하고 내 말이 너희 안에 거하면 무엇이든지 원하는 대로 구하라. 그리하면 이루리라.

요 15:7

유비무환. 어떤 현자가 이런 말을 했다. "삶이란 치약 튜브와도 같아서 당신을 짜 보기 전에는 안에 무엇이 들어 있는지 알 수 없다." 신앙의 자원이 이미 비축되어 있으면, 일신상의 위기가 닥칠 때 거기에 의지할 수 있다.

좀더 자자, 좀더 졸자, 손을 모으고 좀더 누워

있자 하면 네 빈궁이 강도 같이 오며 네 곤핍이 군사 같이 이르리라.

잠 6:10~11

어쩌면 당신도 이제 안일의 이불 속에서 빠져 나와 영적 자원을 보충해야 할 때다. 그렇지 않으면 다음번 도전이나 유혹이 닥쳐올 때 무방비 상태에 놓여 있을 위험이 있다.

하나님이 세상을 이처럼 사랑하사 독생자를 주셨으니 이는 그를 믿는 자마다 멸망하지 않고 영생을 얻게 하려 하심이라.

요 3:16

습관4: 하나님의 무조건적인 사랑 안에 거하는 습관
신뢰를 바탕으로 담대히 전진한다

예수님의 기준. 그분은 우리에게 무조건적인 사랑의 기준을 남기셨다.

> 유월절 전에 예수께서 자기가 세상을 떠나 아버지께로 돌아가실 때가 이른 줄 아시고 세상에 있는 자기 사람들을 사랑하시되 끝까지 사랑하시니라.
>
> 요 13:1

서번트 리더에게 무조건적인 사랑이란 무슨 뜻일까?

1. 자신이 무조건 사랑받고 있음을 받아들인다.

우리가 아직 죄인 되었을 때에 그리스도께서

우리를 위하여 죽으심으로 하나님께서 우리
에 대한 자기의 사랑을 확증하셨느니라.

롬 5:8

2. 하나님의 무조건적인 사랑 안에 거한다.

곧 내가 그들 안에 있고 아버지께서 내 안에
계시어 그들로 온전함을 이루어 하나가 되게
하려 함은 아버지께서 나를 보내신 것과 또
나를 사랑하심 같이 그들도 사랑하신 것을 세
상으로 알게 하려 함이로소이다.

요 17:23

3. 주변 사람을 무조건 사랑한다.
가족을 사랑하라. 직장 동료들을 사랑하라.
이웃들을 사랑하라. 예비 고객을 사랑하라.
누구를 만나든 사랑하라.

우리가 말하는 서번트 리더십은 다분히 인간의

자아와 관계된다. 그래서 당신도 하나님이 베푸시는 무조건적인 사랑을 받아들일 줄 알아야 한다.

예컨대 부모들을 상대로 "이 중에 자녀를 사랑하시는 분이 몇이나 됩니까?"라고 묻는다 하자. 틀림없이 모두가 그렇다고 답할 것이다. 하지만 "자녀가 성공할 때만 자녀를 사랑하시는 분은 몇이나 됩니까? 성공하면 사랑하지만 성공하지 않으면 사랑하지 않는 겁니다"라고 묻는다면, 긍정으로 답하는 사람이 거의 없을 것이다. 왜 그럴까? 당신도 부모로서 자녀를 무조건 사랑하기 때문이다. 그렇지 않은가?

당신 자신도 하나님께 그렇게 무조건 사랑받고 있음을 받아들이면 어떨까? 당신의 공로나 성취나 실적이나 통제나 소유로는 그 사랑을 조금도 더 얻어 낼 수 없음을 깨달으면 어떨까? 이미 모든 사랑이 당신에게 주어졌으니 말이다. 이 진리는 아주 위력적이다! 자신이 무조건 사랑받는 존재임을 받아들이면 세상 것들에 현혹될 일이 없다.

하나님은 독생자이신 예수님을 우리 대신 죽으

시게 내어 주심으로써 우리를 향한 무조건적인 사랑을 확증하셨다.

두려움과 교만을 물리치려면 우리를 향한 하나님의 무조건적인 사랑을 믿어야 한다. 진정한 서번트 리더란 무조건적인 사랑이 무엇인지 확실히 이해하고 그것을 매일 실천하는 사람이다.

서번트 리더는 모든 사람에게 경청과 칭찬과 격려와 용서와 수용이 필요함을 알며, 상대가 길을 잘못 들었을 때는 다시 정로로 이끌어 주어야 함도 안다. 리더로서 우리는 이런 행동을 몸에 익혀야 한다. 왜 그럴까? 예수님이 그렇게 하셨기 때문이다!

두 사람이 한 사람보다 나음은 그들이 수고함으로 좋은 상을 얻을 것임이라. 혹시 그들이 넘어지면 하나가 그 동무를 붙들어 일으키려니와 홀로 있어 넘어지고 붙들어 일으킬 자가 없는 자에게는 화가 있으리라 … 한 사람이면 패하겠거니와 두 사람이면 맞설 수 있나니 세 겹 줄은 쉽게 끊어지지 아니하느니라.

전 4:9~10, 12

철이 철을 날카롭게 하는 것 같이 사람이 그
의 친구의 얼굴을 빛나게 하느니라.

전 27:17

습관5: 지원 관계를 유지하는 습관
약한 모습을 나누면서 지원과 감시를 받는다

리더십은 아주 외로운 길일 수 있다.

자신이 어떻게 하고 있는지를 자신의 관점으로
만 평가하면, 우리는 편리한 합리화와 맹점에 빠질
수밖에 없다. 이 둘은 주변 세상에 복음을 증언하
는 우리의 진실성을 신속히 무너뜨릴 수 있다.

두려움과 교만을 물리치려면 우리를 향한 하
나님의 무조건적인 사랑을 신뢰해야 한다.

격려와 피드백. 물론 우리는 최선을 다해 기획하고 전략을 세우고 실행하지만, 그래도 자신이 어떻게 하고 있는지를 알려면 우리 모두에게 외부의 정보도 어느 정도 필요하다.

> 도가니로 은을, 풀무로 금을, 칭찬으로 사람을 단련하느니라.
>
> 잠 27:21

> 친구의 아픈 책망은 충직으로 말미암는 것이나 원수의 잦은 입맞춤은 거짓에서 난 것이니라.
>
> 잠 27:6

진실을 말해 줄 사람. 우리에게 진실을 말해 줄 믿을 만한 사람이 우리 모두에게 필요하다. 그래야 우리가 곁길로 벗어나지 않을 수 있다. 되도록이면 리더인 우리의 직접적 영향권 내에 있지 않은 사람이 좋다. 당신의 주변에 자진해서 직언하는 사람이 없거나, 있더라도 당신이 그들을 피하거나 경시해

왔다면, 이제 달라져야 할 때다.

당신의 삶 속에 직언하는 사람이 있는 게 중요하다. 이거야말로 당신이 성장할 수 있는 절호의 기회일 것이다. 성장은 주로 두 가지 방식으로 이루어진다.

- ◆ 타인의 피드백에 당신의 마음을 연다.
- ◆ 당신의 약한 모습을 타인에게 기꺼이 드러낸다.

보다시피 쌍방향의 과정이다.

약한 모습을 드러낸다 해서 당신의 속생각을 몽땅 쏟아 낸다는 뜻은 아니다. 업무와 관련된 정보나 리더로서 노력 중인 힘든 부분만 나누면 된다.

당신이 만일 남의 말을 경청하지 않는다는 직언을 들었다면, 팀 앞에 그대로 털어놓으면 훌륭하다. "제가 잘 듣지 않는다고 아무개가 친절하게 피드백을 들려주셨습니다. 여러분이 제게 말할 때면 제가 말을 끊고 곧장 제 입장을 밝힌다고 하더군요. 여태 몰랐지만 이제 알았으니 고치고 싶습니다. 제가 고칠 수 있으려면 여러분이 도와주셔야만 합니다."

이기적인 리더는 메신저를 묵살함으로써 소중한 피드백을 차단할 때가 너무 많다. 이처럼 피드백을 거부하는 리더는 결국 맹점에 빠진다. 그에게 유익한 정보를 줄 수 있는 사람들이 있었을지라도 말이다.

피드백은 선물이다. 선물을 받으면 당신은 뭐라고 말하는가? 일단 "감사합니다!"라고 말한 뒤 이것저것 묻는다.

"이것을 어디서 구했습니까? 사용에 도움이 될 만한 특별한 지침이 있나요? 이것에 대해 더 말씀해 주시겠습니까? 또 누구에게 물어봐야 할까요?"

우리는 다 약하고 부족하다. 그러니 두려워하지 말고 당신의 약점을 나누라. 이는 자신이 이끄는 대상과의 관계를 구축하여 팀을 이루는 가장 확실한 길 중 하나다. 당신이 완전하지 못함을 그들도 안다. 그러니 완전한 척하지 말라.

당신의 삶 속에 직언하는 사람을 두라. 당신 쪽

에서 들어 주리라는 확신만 있다면, 그들은 그 역할에 충실할 것이다. 그렇다고 무조건 상대의 말대로 해야 한다는 뜻은 아니다. 다만 그들은 당신이 경청하기를 바란다. 그 과정에서 당신의 약한 모습을 일부 나누면, 아주 놀라운 의견 교환이 이루어진다.

직언의 가치에 대한 흥미로운 성경 공부로 출애굽기 18장 13~27절을 읽어 보라. 믿을 만한 한 사람의 직언이 사상 최고의 지도자 중 하나인 모세와 그가 이끌던 대상에게 어떤 유익을 끼쳤는지를 보라.

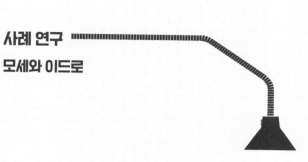

사례 연구
모세와 이드로

출애굽기 18장 13~27절은 이렇게 시작된다.

이튿날 모세가 백성을 재판하느라고 앉아 있
고 백성은 아침부터 저녁까지 모세 곁에 서
있는지라. 모세의 장인이 모세가 백성에게 행
하는 모든 일을 보고 이르되 "네가 이 백성에
게 행하는 이 일이 어찌됨이냐. 어찌하여 네
가 홀로 앉아 있고 백성은 아침부터 저녁까
지 네 곁에 서 있느냐." 모세가 그의 장인에게
대답하되 "백성이 하나님께 물으려고 내게로
옴이라. 그들이 일이 있으면 내게로 오나니
내가 그 양쪽을 재판하여 하나님의 율례와 법

도를 알게 하나이다".

모세는 이드로가 진실을 말해 주는 사람임을 알
았다. 그래서 이스라엘 백성을 어떻게 다스려야 하
는가에 대한 장인의 제안을 귀담아 들었다.

모세의 장인이 그에게 이르되 "네가 하는 것
이 옳지 못하도다. 너와 또 너와 함께한 이 백
성이 필경 기력이 쇠하리니 이 일이 네게 너
무 중함이라. 네가 혼자 할 수 없으리라. 이
제 내 말을 들으라. 내가 네게 방침을 가르치
리니 하나님이 너와 함께 계실지로다. 너는
하나님 앞에서 그 백성을 위하여 그 사건들
을 하나님께 가져오며 그들에게 율례와 법도
를 가르쳐서 마땅히 갈 길과 할 일을 그들에
게 보이고 너는 또 온 백성 가운데서 능력 있
는 사람들 곧 하나님을 두려워하며 진실하며
불의한 이익을 미워하는 자를 살펴서 백성 위

서번트 리더의 습관 | 비전에 헌신하는 매일의 실천 **PART 5**

에 세워 천부장과 백부장과 오십부장과 십부장을 삼아 그들이 때를 따라 백성을 재판하게 하라. 큰 일은 모두 네게 가져갈 것이요 작은 일은 모두 그들이 스스로 재판할 것이니 그리하면 그들이 너와 함께 담당할 것인즉 일이 네게 쉬우리라. 네가 만일 이 일을 하고 하나님께서도 네게 허락하시면 네가 이 일을 감당하고 이 모든 백성도 자기 곳으로 평안히 가리라." 이에 모세가 자기 장인의 말을 듣고 그 모든 말대로 하여 모세가 이스라엘 무리 중에서 능력 있는 사람들을 택하여 그들을 백성의 우두머리 곧 천부장과 백부장과 오십부장과 십부장을 삼으매 그들이 때를 따라 백성을 재판하되 어려운 일은 모세에게 가져오고 모든 작은 일은 스스로 재판하더라. 모세가 그의 장인을 보내니 그가 자기 땅으로 가니라.

출 18:17~27

모세처럼 위대한 리더들도 맹점의 희생자가 될

수 있고, 그러면 리더의 효율성과 신빙성에 타격을
입을 수 있다. 곁길로 벗어날 때 쓴소리를 해 줄 수
있는 사람이 주변에 없다면 말이다.

지원의 교제

《멘토링으로 배우는 예수님의 리더십》(두란노 역간)에서, 중심인물 중 하나인 마이클은 서번트 리더로서 자신의 출발은 좋았으나 나중에 문제에 빠진 경위를 이렇게 설명한다.

"결국 자존심 때문에 고립을 자초했다."

지상 사역 내내 예수님은 소그룹의 제자들로 더불어 특별히 친밀한 관계를 유지하셨다.

그 반경은 이렇게 좁아진다.

◆ 그분이 가시는 곳마다 수백 수천의 사람이 그분께로 모였다.

◆ 수십 명의 남녀가 이 마을 저 마을로 시종일관 그분을 따라 다녔다.

◆ 그분은 특별히 열두 제자를 뽑아 자신의 사명을 맡기셨다.

◆ 중요한 고비 때면 그중 세 명의 절친한 친구에게 의지하셨다.

마가복음 9장 2~12절을 보면, 예수님은 베드로와 야고보와 요한을 높은 산에 데리고 가서서 자신의 충만한 신성을 그대로 보여 주셨다. 그러면서 그들에게 거기서 본 것을 당분간 발설하지 말라고 이르셨다.

마가복음 14장 33절에서 임박한 시련을 맞이하실 때도 그분은 그 셋을 다시 모으셨다. 여기서 보듯이 그분은 힘든 시기를 지나실 때 자신을 가장 잘 아는 사람들의 지원을 매우 중시하셨다.

예수님을 더욱더 닮고자 서번트 리더로 헌신한 우리는 그분이 남기신 중요한 모본을 결코 놓쳐서는 안 된다. 즉 그리스도는 리더의 삶에 뒤따르기 쉬운 고립과 소외에 맞서 싸우셨다.

우리도 다 그런 비슷한 관계에서 유익을 얻을 수 있다. 일상생활 속에서 예수님 같은 리더로 계속 성장해 가려면 말이다. 자아에 지배당하여 두려움에 떠밀리는 리더가 되라는 유혹과 손짓은 계속될 것이며, 아마 더 심해질 것이다. 그래서 안전한 항구 같은 지원 관계의 가치는 아무리 강조해도 지나

치지 않다.

> 서로 돌아보아 사랑과 선행을 격려하며 모이
> 기를 폐하(지) … 말고 오직 권하여.
>
> 히 10:24~25

> 너희 중에 있는 하나님의 양 무리를 치되 억
> 지로 하지 말고 하나님의 뜻을 따라 자원함으
> 로 하며 더러운 이득을 위하여 하지 말고 기
> 꺼이 하며 맡은 자들에게 주장하는 자세를 하
> 지 말고 양 무리의 본이 되라. 그리하면 목자
> 장이 나타나실 때에 시들지 아니하는 영광의
> 관을 얻으리라.
>
> 벧전 5:2-4

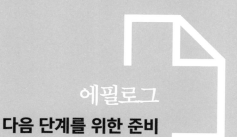

에필로그
다음 단계를 위한 준비

epilogue

생활 속의 서번트 리더

　이 책이 당신의 삶을 변화시키는 출발점이 되기를 바란다.

　진정한 도전은 당신이 세상을 맞이하는 지금부터다. 세상이 당신을 기다리고 있다. 이메일과 메시지가 쌓이고 있고, 가족을 비롯하여 사람들이 당신에게 이것저것 해 달라고 요구한다. 그래서 여태 배운 서번트 리더십의 개념을 고수하고 활용하려면, 당신에게 아주 명쾌한 계획이 필요하다. 서번트 리더십이 중요한 까닭은 그것이 선택 사항이 아니라 예수님의 명령이기 때문이다.

　이런 개념을 지금부터 당신의 현실 세계 속에 옮길 수 있도록, 여기 몇 가지 다음 단계를 제안한다.

◆ 첫째로, 수시로 이 책을 훑어보며 핵심 개념을 복습하라. 특히 리더인 당신의 행동이 달라지기 위해 자신이 해야 할 일에 주목하라.

◆ 둘째로, 배운 내용을 직장이나 교회나 가정에서 당신이 이

끄는 대상에게 나누라. 그들에게 직언을 부탁하라. 리더십은 남들을 대상으로 하는 일이 아니라 그들과 함께 해 나가는 일이다.

◆ 셋째로, 하루를 어떻게 맞이할지를 잘 생각하라. 예수께서 초점을 잃지 않으려고 실천하신 여러 습관이 당신에게도 중요하기 때문이다. 하루를 어떻게 맞이할지를 계획해 두면 그런 습관을 잘 실천할 수 있다. 당신에게도 고독이 필요하고, 기도 시간이 필요하고, 성경을 공부하는 시간이 필요하다. 그러니 힘써 습관을 들이고 체계를 잘 갖추라. 그러면 서번트 리더가 되려는 마음에 계속 충실할 수 있다.

예수님은 생활에서나 리더십에서나 섬김의 대가(大家)시다. 당신이 그분을 부르면 그분은 아주 좋아하신다. 기도하기만 하면 리더이신 그분의 인도와 감화를 받을 수 있다. 당신은 혼자 힘으로 리더가 되라고 부름받은 게 아니다.

저녁 먹는 중 예수는 아버지께서 모든 것을

자기 손에 맡기신 것과 또 자기가 하나님께로 부터 오셨다가 하나님께로 돌아가실 것을 아시고 저녁 잡수시던 자리에서 일어나 겉옷을 벗고 수건을 가져다가 허리에 두르시고 이에 대야에 물을 떠서 제자들의 발을 씻으시고 그 두르신 수건으로 닦기를 시작하여 …

그들의 발을 씻으신 후에 옷을 입으시고 다시 앉아 그들에게 이르시되 "내가 너희에게 행한 것을 너희가 아느냐. 너희가 나를 선생이라 또는 주라 하니 너희 말이 옳도다. 내가 그러하다. 내가 주와 또는 선생이 되어 너희 발을 씻었으니 너희도 서로 발을 씻어 주는 것이 옳으니라. 내가 너희에게 행한 것 같이 너희도 행하게 하려 하여 본을 보였노라. 내가 진실로 진실로 너희에게 이르노니 종이 주인보다 크지 못하고 보냄을 받은 자가 보낸 자보다 크지 못하나니 너희가 이것을 알고 행하면 복이 있으리라".

요 13:3~5, 12~17

체크리스트: 서번트 리더의 필수 요소

다음은 모든 서번트 리더에게 필요한 여러 도구의 점검표다.

[　] 당신 개인의 사명 선언문.

　　이해하고 기억하기 쉬워야 한다.

[　] 성공에 대한 당신의 정의.

　　하나님을 염두에 두어야 한다.

[　] 순위가 매겨진 일련의 운영 가치.

　　유혹이나 기회가 닥쳐와 어느 쪽으로 가야 할지를 정할 때 기준이 된다.

[　] 당신에게 진실을 말해 줄 두세 사람.

　　올바른 방향을 고수하게 해 준다

[　] 승리와 도전과 배운 교훈을 기록할 노트.

　　기억해 두었다가 남에게 전수하기에 좋다.

[　] 검증된 일상생활 지침.

[　] 고독, 기도, 성경 공부, 휴식과 운동 등 일련의 긍정적 중독.

[　] "기억하면 좋을 성경구절".

　　곤경에 처했을 때 필요하다.

기억하면 좋을 성경구절

두려울 때

아무것도 염려하지 말고 다만 모든 일에 기도와 간구로, 너희 구할 것을 감사함으로 하나님께 아뢰라. 그리하면 모든 지각에 뛰어난 하나님의 평강이 그리스도 예수 안에서 너희 마음과 생각을 지키시리라.

빌 4:6~7

여호와는 나의 목자시니 내게 부족함이 없으리로다. 그가 나를 푸른 풀밭에 누이시며 쉴 만한 물가로 인도하시는도다. 내 영혼을 소생시키시고 자기 이름을 위하여 의의 길로 인도하시는도다. 내가 사망의 음침한 골짜기로 다닐지라도 해를 두려워하지 않을 것은 주께서 나와 함께하심이라. 주의 지팡이와 막대기가 나를 안위하시나이다. 주께서 내 원수의 목전

에서 내게 상을 차려 주시고 기름을 내 머리
에 부으셨으니 내 잔이 넘치나이다. 내 평생
에 선하심과 인자하심이 반드시 나를 따르리
니 내가 여호와의 집에 영원히 살리로다.

시 23편

불안할 때

네 짐을 여호와께 맡기라. 그가 너를 붙드시
고 의인의 요동함을 영원히 허락하지 아니하
시리로다.

시 55:22

염려될 때

그러므로 내가 너희에게 이르노니 목숨을 위
하여 무엇을 먹을까, 무엇을 마실까, 몸을 위
하여 무엇을 입을까 염려하지 말라. 목숨이
음식보다 중하지 아니하며 몸이 의복보다 중

하지 아니하냐.

마 6:25

유혹이 닥쳐올 때

사람이 감당할 시험밖에는 너희가 당한 것이
없나니 오직 하나님은 미쁘사 너희가 감당하
지 못할 시험 당함을 허락하지 아니하시고 시
험 당할 즈음에 또한 피할 길을 내사 너희로
능히 감당하게 하시느니라.

고전 10:13

교만해질 때

내게 주신 은혜로 말미암아 너희 각 사람에게
말하노니 (자신에 대해) 마땅히 생각할 그 이상
의 생각을 품지 말고 오직 하나님께서 각 사
람에게 나누어 주신 믿음의 분량대로 지혜롭
게 생각하라.

교만에서는 다툼만 일어날 뿐이라. 권면을 듣는 자는 지혜가 있느니라.

잠 13:10

가치관

여호와께서 이와 같이 말씀하시되 "지혜로운 자는 그의 지혜를 자랑하지 말라. 용사는 그의 용맹을 자랑하지 말라. 부자는 그의 부함을 자랑하지 말라. 자랑하는 자는 이것으로 자랑할지니 곧 명철하여 나를 아는 것과 나 여호와는 사랑과 정의와 공의를 땅에 행하는 자인 줄 깨닫는 것이라. 나는 이 일을 기뻐하노라." 여호와의 말씀이니라.

렘 9:23~24

회개할 때

만일 우리가 우리 죄를 자백하면 그는 미쁘시
고 의로우사 우리 죄를 사하시며 우리를 모든
불의에서 깨끗하게 하실 것이요.

요일 1:9

인도하심을 구할 때

너는 마음을 다하여 여호와를 신뢰하고 네 명
철을 의지하지 말라. 너는 범사에 그를 인정
하라, 그리하면 네 길을 지도하시리라.

잠 3:5~6

주는 나의 하나님이시니 나를 가르쳐 주의 뜻
을 행하게 하소서. 주의 영은 선하시니 나를
공평한 땅에 인도하소서.

시 143:10

서번트 리더가 되려는 나의 다짐

이 책을 읽었으니 이제 다음 단계로 넘어가 당신도 서번트 리더의 여정에 오를 차례다.

나_____는/은
더욱더 예수님을 닮은 서번트 리더가 되기 위하여 앞으로 30일 동안 이와 같이 다음 단계를 수행할 것을 하나님과 나 자신과 한 명의 타인에게 다짐한다.

예수님의 제자로서 나는 그분을 리더십 역할 모델로 삼고 그분과 더 가까운 관계로 지내고자 고독, 기도, 하나님의 말씀 공부, 무조건적인 사랑, 지원 관계 등의 영적 훈련을 이와 같이 실천하겠다.

_____

_____

_____

예수님을 닮은 서번트 리더가 되려는 헌신을 나는 아래의 각 관계에서 이와 같이 실천하겠다.

공동체 구성원과의 관계에서:

_____

_____

_____

직장 부하와의 관계에서:

_____

_____

_____

직장 동료와의 관계에서:

_____

_____

_____

직장 상사와의 관계에서:

_____

_____

_____

가족 및 친구와의 관계에서:

_____

_____

_____

더욱더 예수님을 닮은 리더가 되기 위한 지속적 조치로 나는 다음 사람들에게 지원과 감시를 부탁 하겠다.

_____

_____

_____

나는 예수님을 닮은 서번트 리더에 대해 여태 배운 내용을 내게 중요한 다음 사람들에게 앞으로 30일 동안 가르치겠다.

_____

_____

_____

날짜 _____

서명 _____

서번트 리더십은
비전으로 시작되며,
사람들을 도와 그 비전대로
살게 해 주는 것으로 완성된다.

감
사
의

말

이 책은 다음 사람들의 수고와 지원이 없었다면 완성되지 못했을 것이다.

켄의 아내 마지 블랜차드, 필의 아내 제인 하지스, 탁월한 편집 솜씨를 보여 준 캐시 베이커(Kathy Baker),

켄 블랜차드 컴퍼니, Lead Like Jesus 사역기관,

켄 블랜차드와 필 하지스의 《예수처럼 리드하라》(CUP 역간), 켄 블랜차드와 스펜서 존슨의 《1분 경영》(21세기북스 역간), 로버트 맥기의 《내 안의 위대한 나》(두란노 역간), 리처드 J. 포스터의 《영적 훈련과 성장》(생명의말씀사 역간), 달라스 윌라드(Dallas

179

Willard)의 《하나님의 모략》(복있는사람 역간), 밥 버포드의 《하프타임》(국제제자훈련원 역간), 켄 블랜차드와 필 하지스와 빌 하이벨스의 《멘토링으로 배우는 예수님의 리더십》(두란노 역간),

베넷 J. 심스(Bennet J. Sims)의 섬김(Servanthood),

무엇보다 성부 성자 성령 하나님께 감사드린다.